泰兴市科学技术协会◎编

泰兴院士

河海大學出版社
HOHAI UNIVERSITY PRESS

图书在版编目（CIP）数据

泰兴院士 / 泰兴市科学技术协会编. -- 南京：河海大学出版社，2024.6

ISBN 978-7-5630-8988-8

Ⅰ. ①泰…　Ⅱ. ①泰…　Ⅲ. ①院士—事迹—泰兴　Ⅳ. ①K826.1

中国国家版本馆CIP数据核字(2024)第106194号

书　　名	**泰兴院士** TAIXING　YUANSHI
书　　号	ISBN 978-7-5630-8988-8
责任编辑	杜文渊
文字编辑	顾跃轩
特约校对	李　浪　杜彩平
装帧设计	壹书工作室
出版发行	河海大学出版社
地　　址	南京市西康路1号(邮编:210098)
电　　话	(025)83737852(总编室)　(025)83787763(编辑室) (025)83722833(营销部)
经　　销	江苏省新华发行集团有限公司
排　　版	南京布克文化发展有限公司
印　　刷	南京迅驰彩色印刷有限公司
开　　本	718毫米×1000毫米　1/16
印　　张	15.75
字　　数	210千字
版　　次	2024年6月第1版
印　　次	2024年6月第1次印刷
定　　价	78.00元

前言

PREFACE

银杏飘香，古韵悠长；千年泰兴，激情飞扬。泰兴，自古以来崇文尚教，人杰地灵，英才辈出。明代名臣、诗人张羽，清代武状元张兆璠以及藏书家、诗人季振宜，中国地质学开山大师丁文江，文化部原副部长、剧作家丁西林，教育家吴贻芳、朱东润，水利学家郑肇经……他们的名字，是泰兴人前行的闪光的路标。

而今，这片沃土同样人才辈出。其中，院士是最为耀眼的一个群体。本书推出的十位院士，分别是我国电机工程的先驱、电机工程学家丁舜年；我国核酸生化领域的开拓者和奠基人、著名生物化学家王德宝；“双院士”、矿床地质学家常印佛；南京大学原副校长、岩石学家王德滋；人民科学家、“嫦娥之父”叶培建；我国智能水下机器人事业的开拓者和奠基人、水下智能机器人专家徐玉如；被习近平总书记赞为“英雄不问出处”的农业机械设计制造专家陈学庚；第二军医大学全军重点实验室主任、烧伤外科学专家夏照帆；中国农业科学院原副院长、水稻分子遗传与育种专家万建民；中国科学院副院长、“悟空”号暗物质粒子探测卫星首席科学家常进。他们在各自的领域锲而不舍地默默耕耘，持之以恒地无私奉献，取得了卓越的成就。他们是泰兴最宝贵的财富和最大的无形资产，也是泰兴新的人文地标。

岁月荏苒，家乡是碗里的粯子粥，是家门前的那棵银杏树——乡愁不老，乡情难忘。院士们情系桑梓，积极为家乡发展牵线搭桥、招才引智，为家乡建设出谋划策、贡献智慧，并通过建立院士专家工作站、举办科普讲座等方式，为泰兴经济科技转型升级注入新的动能、营造新的潜力。特别是2013年4月王德滋、常印佛、叶培建三位泰兴籍院士联袂返乡，更是书写了“家乡以院士为荣、院士以家乡为亲”的动人佳话。

科协组织是科技工作者之家，为科技工作者服务是其首要任务，宣传优秀科技工作者是其重要职责。泰兴市科协牵头编辑出版《泰兴院士》，记述他们的人生经历和学术成就，辑录他们历经风雨而弥坚的初心使命，就是要走进院士的人生、弘扬院士的品德、传承院士的精神；就是要将科学家精神从抽象符号转化为生动的科学家故事，引导广大市民特别是中小学生，走近科学家，领悟科学家精神，推动在全社会形成尊重知识、崇尚创新、尊重人才、热爱科学、献身科学的浓厚氛围。

习近平总书记强调指出：“新时代更需要继承发扬以国家民族命运为己任的爱国主义精神，更需要继续发扬以爱国主义为底色的科学家精神。”我们要学习院士们报效祖国的爱国精神、追求真理的献身精神、忘我敬业的拼搏精神、百折不挠的进取精神，进一步推动新时代科学家精神在泰兴大地发扬光大，进一步推动泰兴在新一轮发展中聚焦科技自立自强，打造具有较强影响力的国家创新型县市，在推进中国式现代化中走在前、做示范。

凡　例

一、收录范围

泰兴籍院士，以及出生在泰兴的非泰兴籍院士。其中，泰兴籍院士9位，出生在泰兴的非泰兴籍院士1位。

二、排序原则

各院士均按当选年份排序，当选年份早者在前，当选年份相同者按姓氏笔画排序。

三、条目内容

收录内容均为公开资料，不涉及国家秘密，并秉承资料的客观性与真实性原则。

四、编写风格

本书以人物通讯的形式，挖掘细节材料，讲述院士事迹，力求表述准确、描述生动、文字鲜活。

目　　录

CONTENTS

丁舜年

丁舜年，原籍浙江长兴，1910年12月4日出生于江苏泰兴，我国电机工程的先驱，1980年当选中国科学院学部委员（院士），2004年9月20日逝世。

江浙素以"鱼米之乡"、富庶之地著称，更以人杰地灵、英才辈出而名闻天下。伴随着近现代民族工业的成长，有一位生于江苏泰兴、原籍浙江长兴的电机工程学家，犹如流星划过长空，在我国电机、电器工业历史上书写了令世界瞩目的灿烂篇章，也为我国芯片技术重要方面的早期突破立下了汗马功劳。

1910年12月4日，出生于江苏省泰兴市

1932年，国立交通大学毕业，获工学学士学位，留校任教

1935年，上海华生电器厂南翔新厂技术

科主任，负责设计工作。

1945年，资源委员会中央电工器材厂上海制造厂工程师兼电机组组长。

1947年，美国西屋电气公司实习，同时在美国匹兹堡大学研究生院进修。

1949年，上海电机厂副厂长兼总工程师。

1951年，电器工业管理局第二设计分局副局长。

1956年，第一机械工业部工艺与生产组织科学研究院副院长兼总工程师。

1958—1964年，第一机械工业部电器科学研究院院长。

1964—1978年，电器工业管理局总工程师。

1979年，机械工业部教育局副局长，直到1984年退休。

实业救国兴机电

——记中国电机工程先驱丁舜年

> 不要等条件都准备好了再开始，要敢于接受挑战。
>
> ——丁舜年

正如一位专家指出，在我国的电机发展史上，丁舜年是一个非常重要的名字。打开由山东科学技术出版社出版的《中国科学家辞典（现代第三分册）》，第二位就是这位致力于实业救国的中科院院士丁舜年。

丁舜年在上海华生电器厂造出我国第一台新型“华生”牌电扇，让美国货退出中国市场；领导设计国内最大的高速感应电动机；试制成功半导体整流管、金闸管和其他电子电力器件；指导研制我国第一套体积小、性能高的磁放大器，专门为我国空对空导弹提供“电子眼”；领导建成一机部系统第一个电子计算机站；研制出10万千瓦、20万千瓦汽轮发电机以及60万千瓦发电机组，设计发电机和自动化系统；成功设计中国第一套氢冷10万千瓦汽轮发电机组……从事电器工业50余年，他历经风雨沧桑，满怀赤子之心，创下了一个个“第一”，对民族的电机制造业起步，对发展中国电器工业和电工学科学术活动，都作出了令世界惊叹的贡献。

生于教育世家，从小酷爱读书成“学霸”

有人说，来自血脉里的爱国之情最深沉，源自书香世家的格物之志更执着。丁舜年原籍为浙江长兴，丁家称得上是当时长兴县的名门望族，明清时出过不少进士、举人。他的父亲丁凤元，清光绪二十年（1894年）仅15岁时就成为一名少年秀才。生逢国难，他没有继续选择祖辈的科举仕宦之路，转而赴上海译学馆攻读理化专修科，这是近代培养翻译和承办洋务人员的新式学校之一，可谓开风气之先。毕业后，丁凤元受聘泰兴县立高等小学教师，担任过长兴县署劝学师长（相当于后来的教育科长）。那时“西学东渐”，教育正处于革故鼎新时期，丁凤元将箬溪书院改为箬溪高等小学，对学制、课程作了调整，同时在城内开办尚公、求是、明德三所初等学校，在城外开设敬业、城东、培英三所初等小学。特别值得称道的是，1914年，他创办了“长兴县贫民习艺所”，自任所长（校长），招收80多名贫寒子弟学习技艺。这是一所工读学校，分棉织、针织、藤器、竹器、木器、油漆六科，聘请专业技师授业，白天学艺，晚上识字、学珠算，学制3年，一直办到1925年。鉴于长兴教育事业的大步发展，1920年丁凤元被选为省议员。

知识伉俪，互学共长。丁舜年的母亲戴毓儒，江苏泰兴人，毕业于镇江女子师范学校，后在泰兴县立女子小学任教。与丁凤元结婚后，她随夫定居长兴，一起创办县立女子两等小学，并亲任校长。1927年，又将该校改为县立城北小学，兼收男生。那时，“女子无才便是德”的旧式封建观念还未得到转变，戴毓儒为此奔走呼号、走家串户，苦口婆心地劝导家长送女孩入学，同时身兼历史、地理、音乐、英语多门课程的教课老师，培养出了革命先辈沈秀英、单洁等优秀女性，她们在大革命时期、抗日战争时期先后加入中国共产党。

耳濡目染，沐浴书香。丁舜年出生于这样一个教育世家，从小受到父母潜移默化的熏陶，他酷爱读书。1912年，他随父母从泰兴返回原籍浙江长兴。在长兴读完小学后，他考入省立三中（今湖州中学），毕业后又考入杭州省立高级中学。之后考入上海交通大学(当时为国立交通大学),攻读电机工程专业,学业超群,多次受到学校表扬,并享受免学费奖励。

“读书要如金字塔,博闻强记,基础广阔,理论学习要加深,专业突出,高如塔尖。”这是丁舜年多年读书学习的心得总结,贯穿于他一生的治学,并常常用以勉励后辈。1932年,他取得工学学士学位,并因学业优异而留校任教。

在《初中生》杂志2003年第11期卷首语中,丁舜年以《知难而进,大胆创新》为题,阐述了他的兴趣和志向:

我天性好奇,希望天天有新鲜事发生,能让我去探究,去了解。我不愿长期从事重复性的工作,这是我年轻时选择学习理工的原因。

进工厂以后我才明白,在工程技术方面,天天要有新鲜事发生是不可能的。在我们那个时代,工厂条件十分简陋,缺少资料,缺少设备,要在技术和产品上不断更新困难重重,但人总不能被困难吓倒,惟有“敢”字当头,勇于开拓,才有可能创新。我的指导思想是:只要具备最基本的条件,就应当接受有难度的研制开发任务。任务有难度,其他人不敢接,这就是机遇。抓住机遇,迎难而上,克服了困难,完成了任务,这就是一种创造。

立志“科学救国”,“华生”电扇远销东南亚

身处黑暗之中,什么样的人不迷茫?爱国家爱民族,向着阳光奔跑的人,最不怕征途上的荆棘!

丁舜年的少年时代,正处于辛亥革命后军阀封建割据、帝国主义列强入侵和反帝反封建运动蓬勃兴起之时。1924年8月,江浙军阀爆发混战,到处抓丁拉夫,抢劫商店,导致民不聊生,并造成土匪横行、灾荒频繁。目睹这些灾难,丁舜年深感痛恨。1925年5月,他参加了抵制日货示威游行,深受教育,激发了爱国热情。他说:“中国人要不受外国人的欺侮,只有振兴工业,富国强兵。我立志学好数理化,希望能

考上工科大学，将来为国家发展科技、振兴经济，贡献自己的力量。”为实现科学救国、实业救国的愿望，1934年，他毅然辞去交大助教职位，受聘于颇有声望的上海华生电器厂，任工程师兼技术科主任，从此开始了他的科技生涯。

从零开始，不仅需要“明知山有虎，偏向虎山行”的勇气，更需要“逢山开路、遇水搭桥”的智慧。1935年，华生电器厂接受汉口周恒顺机器厂制造一台110千伏安、375转/分、2300伏三相交流发电机的订单，确定由丁舜年负责设计。于是，他夜以继日，连续几个月全身心扑在研发攻关上。“研发中，失败不可怕，可怕的是找不出失败的原因！”一次次失败后，他全面查找症结，改进方案再试。几经试验后，发电机终于制成，运行情况良好，用户相当满意。后来，他设计制造了更大的500千伏安、750转/分三相交流发动机，主持设计制造了15伏、1500安、1440转/分大电流直流发电机，解决了大电流换向器的设计制造问题。在未接触过机型的背景下，有一次他还成功修复瑞士进口3000千瓦的汽轮发电机，恢复全城供电。

丁舜年曾表明：“只要具备最基本的条件，就应当接受有难度的研制开发任务。而任务有难度，其他人不敢接，这就是机遇。”1936年，华生电器厂接受国民政府建设委员会订制一台2000千伏安、2300/6600伏三相电力变压器任务，要求三个月交货。这是当时国内自制的最大变压器，丁舜年二话没说，就向一个个新难题发起冲击，跑赢研发限时竞速赛。在他的主持下，设计制造任务如期完成。交货时，按照英国标准试验验收，全部合格。在主持设计制造南翔镇变电所两台33000/2300伏降压变压器时，除高压断路器和高压瓷套管由国外进口，其余设备都由丁舜年主持设计并与该厂技术人员研制完成。变电所建成后，由上海闸北电厂检查验收，全部合格，一次性成功安全送电。

矢志振兴民族工业，勇于搬开研发“拦路石”。在生产第一线，丁舜年凭借技术专长，为“华生”牌电扇的产品开发和工艺改进做了很多工作。成功研制电扇转子鼠笼压力铸铝，获得专利证书。改进电扇设计，采用电容式分相设计，节省原材料，提高了电扇性能。特别是陆续成功研制噪声极低的无声台扇、落地扇以及可正反转的吊扇，创出了华生电扇的品牌。很快，“华生”电扇几乎占领了当时国内全部市场，并远销东南亚等地，成为我国民族工业的骄傲。

历史总是在曲折中前行，而对于信念坚定的登山者来说，他们总能在蜿蜒的山路上，找到前进的路标。“八一三”事变后，丁舜年携眷回到长兴老家，不久长兴沦陷，全家逃难到西部山区。1939年初，浙江省政府在天目山创办临时中学，丁舜年受聘到该校任教，有幸聆听周恩来所作的抗日形势报告，增强了抗日必胜的信心。爱国报国之情如同波涛汹涌的江河，一泻千里，深深地刻在了丁舜年的心底。翌年，华生电器厂在上海英租界择地建新厂，丁舜年被召回，继续在华生工作。

1945年抗日战争胜利后，丁舜年被聘为国民政府资源委员会中央电工器材厂上海制造厂工程师兼电机组组长，并兼任上海交通大学特约教授。该厂开始制造变压器、异步电动机，以后逐步扩大，中华人民共和国成立后即发展成为有名的上海电机厂。

赤子情怀，红心向党。1947年，资源委员会派丁舜年去美国西屋电气公司实习，同时在匹兹堡大学研究生院进修。回国后，他被派往湖南湘潭电机新厂筹备处工作。1949年初，丁舜年奉召返沪。当时上海正处在新中国成立前夕，他接受中共地下党组织的指示：第一，保护好从国外运来的设备和技术资料；第二，组织从美国西屋电气公司归国的实习人员，调查沪上各私营工厂的生产、设备状况。“尽管困难重重，但无论如何，必须想办法完成党交给我的这一重要任务！”经过周密安排和艰苦努力，丁舜年圆满把从西屋电气公司运来的技术资料安全转移，并将调查材料交给了中共地下党组织。

攻关前沿研发，创下一个个“中国第一”

“不要等条件都准备好了再开始，要敢于接受挑战。”这是丁舜年多年工作中经常挂在嘴边的一句话，也是他敢于向未知领域、前沿科技大胆挺进的写照。

1949年5月，上海解放，军管会接管中央电工器材厂，丁舜年奉命与军代表共同筹建上海电机厂，被任命为副厂长兼总工程师。那时，丁舜年正值中年，怀着建设社会主义国家的满腔热情，忘我工作，加班加点，常常奋战到深夜。每每大家都酣然入梦了，他还在伏案忙碌。用他自己的话说，之所以这么“拼”，是因为“我需要努力赶上国际先进水平”。1950年，制成无轨电车用直流电动机；1951年，制成15000千伏安、11/3.3千伏三相电力变压器，600马力二极3000伏异步电动机；1952年，制成5000千伏安有载调压变压器等。

1954年，他被派往苏联，参加审查苏联援建的有关电工和动力机械方面的项目。1957年，随中科院领导赴苏联，与苏联商讨两国科技合作项目发展计划。此时，丁舜年已开始重点研究、开发新型绝缘材料和电工合金等高科技材料，如高精密度的控制电机、磁放大器、半导体器件等。除了考察出国，他全力攻关最新技术研究。

20世纪50年代丁舜年与苏联专家合影(左一)

在丁舜年看来，知识来自实践，而不断的“充电”又会让实践探索更加得心应手。尽管电机知识非常丰富，但为了完成一项任务，丁舜年从头开始学习冶金知识，并自己动手冶炼，促进实验成功。据介绍，在学习冶金方面的知识时，他搜购了当时所有相关技术书籍，日夜研读。

有一次，在堆积如山的最新技术材料旁，同事发现丁舜年脸色苍白，询问他的身体情况，他不以为然地笑一笑说："没事，只是小毛病。"接着，又投入了工作。天道酬勤，在丁舜年的指导下，晶闸管于1959年开始研制，只比美国制成世界上第一个晶闸管晚两年。1960年，建成一机部系统第一个电子计算机站。

向前沿挑战，敢当第一人。1954—1964年，丁舜年先后担任第一机械工业部设计总局副总工程师、工艺与生产组织科学院副院长兼总工程师、电器科学研究院院长。在这期间，他主持研制并生产了多种微特电机，如自整角电机、旋转变压器、测速发电机、伺服电动机等；研制出中国第一套高精度磁放大器等产品，并组织制定了多项电工行业标准。1961年，他还参与了我国十年科技发展规划的制定工作，被国家科委聘为自动化组副组长和电工组组员，参加制定自动化和电工技术长远发展规划。

1964年秋，丁舜年调任第一机械工业部电工总局总工程师，负责全国电器工业的技术组织与领导工作。到任不久，他就担负起研究开发10万和20万千瓦大型汽轮发电机的任务，这在当时是国内从未研制过的最大容量的发电机。他从调查研究、技术论证入手，进行课题研究、设计计算，最后提出设计任务书，经一机部和水电部联合审查批准。1966年，完全由我国自行设计制造的第一台采用氢冷的10万千瓦汽轮发电机诞生，配套的汽轮机和锅炉也同时制成。这一套于20世纪60年代末70年代初试制成功的双水内冷和以后改型为水氢冷的20万千瓦发电机组，经国家鉴定，先后生产了100多套，曾经成为我国发电设备的主力机组。

1957年，电力工业部技术委员会组织了"关于20千伏级电压应否列入我国电压标准问题"的讨论，身为第一机械制造工业部工艺与生产组织研究院总工程师的丁舜年提出了自己的书面意见：

用20千伏级电压作为输电电压,按单位传输功率的经济指标来比较,远不及35千伏级电压经济。但是,如果采用20千伏作为配电电压,则可以直接降压到用户的用电电压,而不必再经过20/10~6千伏变电所,在与10千伏比较时,在负荷密度较大的情形下,20千伏级电压在经济指标方面也是占优势的。但是,采用20千伏级电压的基本条件是需要有较高的负荷密度。目前,我国一般城市负荷密度还不是很高,因此,就没有必要急于将20千伏级电压列为标准电压。

对农村配电而言,采用20千伏作为配电电压直接送至用电中心,再降压到0.38千伏,的确比35千伏经济。但是它的基本条件也是只有在负荷分散度很大而负荷密度又超出10千伏所适用的范围时,才有选用20千伏级电压的必要。然而,从我国农村供电的发展情况来看,可以较长时间采用6~10千伏级电压而不必再提高,因此,也不必急于将20千伏级电压列为标准电压。

对电气铁道来说,目前的趋势是改用交流同时提高接触电压。苏联目前所采用的电压是20~25千伏,还可以提高至35千伏。如果

20世纪50年代丁舜年与文艺工作者在跃进人民公社合影(第三排左五)

电压相同时，电气化铁道的变电所和电力系的区域变电所可以合而为一。但是，如果电压不同而必须分别降压时，也不致引起很大困难。因此，在确定是否应将20千伏列入电压标准时，可以不必考虑电气铁道的供电电压……因此，如果不是十分需要，就不应急于将20千伏级列为标准电压，从而要求发展这一级电压的系列产品。

求实、创新、协同，这是丁舜年的科学精神，也是他的科研路径。从20世纪70年代开始，国家决定研制60万千瓦发电机组，由第一机械工业部和水利电力部抽调专家，并邀请高等学校著名教授组成联合设计处，丁舜年担任电机组和自动化组两个组的组长，从搜集国内外资料、研究提出热工参数、确定机组造型和设计原则、编制设计任务书到完成初步设计，他做了大量而卓有成效的工作。自动化方面，在他的组织和领导下，成功研制数十种自动化元件和仪器仪表，并完成了大部分自运控制系统的设计。

在《上海大中型电机》杂志2001年第4期上，丁舜年发布了《1000MW级大型汽轮发电机开发设计研究课题总结(下)》：

通过本课题研究，我们对世界各国设计制造1000MW级大型汽轮发电机概况和曾遇到的某些问题有了进一步的了解或建议采用哪个方案。本课题进行的1000MW级汽轮发电机的电磁方案计算、机械强度应力分析和各专题研究，使我们有信心、有把握自行设计制造1000MW级1500r/min汽轮发电机。即使我国21世纪初建造单机容量1000MW级核电或火电电站时仍需向国外进口，那也应该要求结合我国电网国情和国产化要求进行联合设计和合作生产。本课题研究所搜集的资料以及具体研究成果，对将来参加联合设计的人员，会起到很好的参考作用。本课题研究没有推定或建议采用哪个方案，因为这是国家和用户从多方面因素考虑才能决定的问题。

今后需进行的工作仍很多，例如在电磁计算过程中，发现对大型汽轮发电机采用现有的计算公式有不合理之处和一些结构需进一步分析研究的问题，另外对负载时转子漏磁通和满载励磁电流的计算等，也需今后进一步深入组织课题研究。

突出人才培养，推动电工学科走前列

“机电工作正处在快速发展时期，急需一大批技术人才。”1980年当选中国科学院学部委员(院士)后，丁舜年将绝大部分精力放在了人才培养和教育工作上。1979—1984年，他在任机械工业部教育局副局长期间，恢复整顿部属高等院校的教学秩序，组织编写全国机电类大学本科教材，仅机电类高校教材，他就组织编审了260多种。

“科技越来越成为一个国家经济和综合实力的决定性因素，世界科技突飞猛进，我国科技界从未有过如此强烈的竞争意识。”为了适应形势发展需要，培养更多适用的科技人才，丁舜年非常关心高等院校的教学改革。他说：“世界上每一个成功者都不是绝对靠自己成功，而是靠团队的支持，靠别人的支持。”当东南大学拟试办宽口径电气技术专业时，他亲自组织10多所高等院校的教授和若干工厂的专家进行咨询论证，提出了“电气技术专业人才培养业务规格建议书”，使这个宽口径电气技术专业列入国家教委正式颁布的我国高等工业学校专业目录，也

丁舜年出版的专著

使原来个别学校试办的这个专业迅速扩展到数十所院校同时兴办。

为了推动我国电工学科科技学术和电气工程教育提升，丁舜年先后参加组建上海电机工程学会、北京电机工程学会，担任中国电机工程学会副秘书长、副理事长。1981—1987年，任国际大电网会议中国委员会副主席。1990年，当选电气与电子工程师学会(IEEE)特级会员。担任中国电工技术学会副理事长期间，丁舜年在机械部和学会的支持下，创办了以继续工程教育为目的的电气工程师刊授进修大学，并亲自担任校长，组织编制反映电工新技术的教材，第一届就有近万名学员毕业。后三届学员，取得全科或单科结业证书的达2万名。

在《电工技术杂志》1986年第2期，丁舜年发表署名文章《探讨发展继续教育的一种新形式——刊授进修大学》，提出这样的设想:为我国的电工行业服务，对在职的科技人员实施继续工程教育，以达到更新知识扩展新技术的目的。刊授教育招收具有大专以上文化水平或具有助理工程师以上职称的在职科技人员。专业进修有工业电气自动化、电机、电器、电力电子技术、电工绝缘技术(包括电线电缆)五个专业方向供学员选择。学制为两年。课程结构由公共必修课、成组选修课和专业任选课三类课程组成。

正如一位作家所说，只要有书看，窗外喧哗闹市、车水马龙，皆是过眼烟云。进入老年后，由于三代同堂，丁舜年把书房搬到不足5平方米的阳台上，用玻璃隔出一个小巧精致的书屋，加上书柜、书桌，仅有容膝之地。就是在这个“蜗居”，他写出了一篇篇推动机电行业发展的学术论文和著作。

科研不止，笔耕不辍。即使80高龄后，丁舜年仍孜孜不倦地为推进电工学科的科技学术活动和电气工程教育发挥余热。他晚年致力于电机通风冷却的研究，主编了《大型电机的发热与冷却》专著。这是由我国学者编写的第一本有关大型电机发热与通风冷却的书籍，于1992年由科学出版社出版，面世后很快就销售一空。多年间，他先后完成《交流发电机及电动机》《保护继电器》《感应电动机文辑》等多部著作。1985年，荣获中国科学院“从事科学工作50年”荣誉奖状；1986年，荣获北京科学技术协会荣誉奖状；1988年，被中国电机工程学会授予“终身荣誉会员”称号。

全国高等工业学校电工技术类专业教材编审委员会，于1982年11月在华中工学院召开第一次会议，制定了三个专业的参考性教学计划和1983—1987年教材工作规划。丁舜年代表机械工业部部长周建南向委员们颁发了聘书。

在《电工技术杂志》1988年第10期，时任中国电工技术学会副理事长的丁舜年，以“突出重点，结合一般，群策群力”为主题，对办好杂志提出了希望：

中国电工技术学会成立之初，即着手筹组作为学会交流学术、报导动态的刊物《电工技术杂志》。经过积极筹备和各方面的大力协助，第一期创刊号于1982年9月与读者见面，现在已六周年了。在这段时间，杂志编委会及领导和参加工作的同志克服了人力不足、经费缺乏等困难，按照全国科协和学会对于办好技术刊物的精神，不断开拓创新，把《电工技术杂志》办成深受学会会员和广大电工科技工作者欢迎的杂志。此值《电工技术杂志》创刊六周年纪念，特在此致以热烈的祝贺。下面提几点不成熟的意见和建议供参考。

1.结合改革开放的深入开展，及时报道科技体制改革、新产品研究开发、技术转让和电工产品进入国际市场的信息和内容。科技成果和研究开发的新产品、新技术要通过工厂生产应用，尽快转化为生产力。这需要加强信息和横向联系。建议《电工技术杂志》及时报道有关电工方面的发明、专利和技术进步，技术引进和转让，并组织有关这方面的稿件，以促进成果的迅速推广。

2.围绕国民经济建设和电工技术发展中关键性的和具有发展趋向的项目，报道国内外情况并介绍重要论文、著作和科技成果。

3.联系一些重大的关键性问题的学术讨论和技术交流，每年有计划地组织若干期专辑，在内容安排上突出重点，结合一般……

丁舜年在工作上兢兢业业，退而不休；在生活中宽厚待人，提携后辈。如果有记者提问，他总是慢慢地讲述，有条不紊。他心中总是惦记着学生，惦记着机电事业，直至2004年9月20日因病去世。

参与社会活动，在更大空间发挥作用

在长期从事生产、科技、教育工作的同时，丁舜年一直热心于有关科技的各项社会活动和学术活动。民国时期，他就参与了当时的中国电机工程师学会的组织领导工作。中华人民共和国成立后不久，他和电工界知名人士毛启爽教授组建了上海电机工程学会。中国电机工程学会成立后任副理事长，同时还被选为汽轮机、锅炉学会（后改称动力工程学会）副理事长。

1966年2月19日至25日，时任八局总工程师的丁舜年，在哈尔滨主持召开了热弹性绝缘会议。上海电机厂、哈尔滨电机厂、哈尔滨绝缘材料厂、西安绝缘材料厂等21个单位的104名代表参加。丁舜年作工作报告并作总结讲话。他指出，经过几台水、汽轮发电机试用后，证明新绝缘的各项电气机械性能确属优异，但目前技术上还存在一定问题，如绝缘材料性能还不稳定，应用中还存在线圈废品率较高等。现在，热弹性绝缘胶的制造及应用工作在技术上处在将要过关的阶段，各单位在工作中必须做到“严、细、狠、准”，高标准要求，严防在技术未过关之前即大量投产而造成损失的可能，坚决贯彻“好”字当头，多、快、好、省的方针，反复试验，及时分析，加强总结，坚决改变我国电机绝缘的落后面貌。

1985年10月31日，中国电工技术学会电机专业委员会在无锡召开成立大会。丁舜年当选副理事长兼教育工作委员会主任委员，并在大会上宣布了委员会组成名单。

1985—1988年，丁舜年被选为电气与电子工程师协会（IEEE）北京分会副主席。1989年7月被IEEE总会选为特级荣誉会员。

从20世纪50年代起，丁舜年多次参加国家科技规划活动。1957

年参加中国科学院赴苏联科技考察团，调查了解苏联电工技术的发展水平和长远规划，以供修订我国《1956—1967年科学技术发展远景规划》参考。

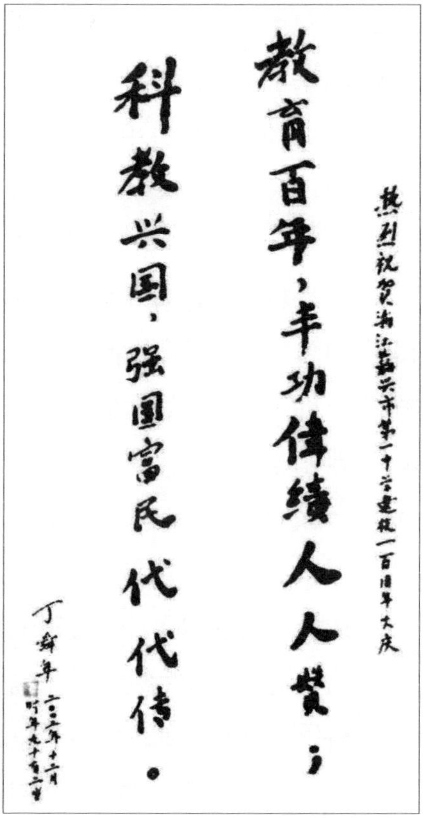

多次被邀请去苏联及东欧各国参加国际学术活动，并五次代表国家参加国际电工委员会（IEC）年会。

1962年和1964年曾应德国电气工程师协会（VDE）邀请，出席该会召开的年会。

1981年至1987年曾任国际大电网会议（CIERE）中国委员会副主席。

1983年应邀出席在东京召开的国际电力电子学术会议。

1987年主持了在北京召开的北京国际电机会议，任总主席。

1988年被聘为在北京召开的电磁场计算在电机工程应用国际会议名誉主席。

1988年在于北京举行的第二届电介质及其应用国际会议上担任中国委员会主席。

丁舜年还先后任上海市第一届人大代表，第三届全国人大代表，北京市第五、六届政协委员。

丁舜年从事电器工业历时70余年，历经风雨沧桑，对民族的电机制造业，对发展中国的电器工业和电工学科学技术活动，作出了巨大的贡献。

“驭‘交’‘直’，筑机电。潮领全球，低噪‘华生’扇。超算神州开首站。奠厂汽轮，亿瓦规模炫。抗欺压，自发展。艰险征途，壮士欣迎战。唯愿人生皆奉献。重器强国，须铸千千万。”中国书法家协会原副主席张飙的一首《云松令》，既表达了对丁舜年这位我国电机工程先驱的致敬与缅怀，也高度简练地歌颂了他的突出贡献。

伊人虽逝，光芒犹在。众所周知，晶闸管技术是目前我国正加紧攻关的芯片技术当中的一个重要元素。早在20世纪50年代末，在丁舜年的领导和指导下，我国在半导体材料方面，就完成了从锗硅提纯、拉制单晶，到制成各种可控硅元件并推广生产。1959年，我国开始研制的晶闸管，只比美国制成世界上第一个晶闸管晚两年，与日本几乎齐头并进。

丁舜年的一生，是孜孜好学的一生，也是践行“实业救国，振兴中华”的一生。他以其炫目多彩的生命之光，照亮着我国机电事业，使其闪耀东方、傲然世界……

（常 斌 搜集整理）

20世纪60年代丁舜年与科研人员合影（第二排中）

相关资料索引

[1]《中国院士与湖州》，张前方著，沈阳出版社，2014年

[2]上海科普网之《我国电机工程的先驱——丁舜年》，2024年2月

王德宝

王德宝(1918年5月7日—2002年11月1日),江苏泰兴人,1980年当选中国科学院学部委员(院士),我国著名生物化学家,中国科学院生物化学与细胞生物学研究所研究员。1940年获国立中央大学生物化学专业学士学位;1948年获华盛顿大学医学院生化系硕士学位;1951年获美国西部保留地大学微生物系博士学位;1951—1954年在美国约翰·霍普金斯大学从事博士后研究;1954年归国后进入中国科学院上海生理生化研究所工作。他是我国核酸生化领域的开拓者和奠基人,创建了我国首个核酸研究室,领导并参加了世界上首次人工合成具有生物活性的酵母丙氨酸转移核糖核酸的研究,成功合成了拥有生物活性的酵母丙氨酸转移核糖核酸,使我国人工合成生物大分子的研究处于世界领先地位。先后获国家自然科学奖一等奖、陈嘉庚科学奖生命科学奖、国家科学技术进步奖三等奖等奖项。

1918年5月7日，出生于泰兴市黄桥镇

1936年，考入国立中央大学(现南京大学)农学院农业化学系

1940年，中央大学毕业，留校任助教

1943年，转入成都中央大学医学院生化科，在郑集教授指导下进行植物蛋白质营养价值的比较研究

1947年，进入美国路易斯安那州立大学学习制糖。由于成绩优异，被选为美国化学会路易斯安那州立大学分会荣誉化学会员

1948年，转入华盛顿大学医学院生化系学习生化，并获硕士学位

1949年，在美国西部保留地大学任助教，继续从事核酸代谢研究工作

1951年，获美国西部保留地大学博士学位。同年9月回国受阻，到美国约翰·霍普金斯大学任职

1954年底，回到国内，到上海中国科学院生理生化研究所工作，并创建了核酸研究组

1958年，生理生化所划分为生理所和生物化学所两个研究所，王德宝在中国科学院上海生物化学研究所工作，并建立了我国第一个核酸研究室

1961年，参加并领导世界首次人工合成酵母丙氨酸转移核糖核酸(tRNA)的研究工作，人工合成了具有生物活性的酵母丙氨酸tRNA

1970—1982年，参加酵母丙氨酸转移核糖核酸人工全合成的研究工作，先后被任命为合成会战组组长和会战指挥组组长。这项工作获得中国科学院1984年重大科技成果奖一等奖和1987年度第三届国家自然科学奖一等奖

1980年当选中国科学院学部委员(院士)，同年12月19日加入中国共产党

1982年起，从事酵母丙氨酸tRNA结构与功能的关系和tRNA中修饰核苷酸的生物功能等方面的研究

探索生命奥秘的尖兵

——记核酸生物化学专家王德宝

化学研究应该以解决实际问题为导向，这就要求化学研究者不仅要有扎实的理论基础，还要有强烈的社会责任感。

——王德宝

20世纪80年代，我国人工合成酵母丙氨酸转移核糖核酸的喜讯传遍了全国各地，这是我国核酸生化领域具有里程碑意义的研究成果，同时也带动了多种核酸类药物的研发工作，开辟了我国核酸生化领域的新局面。这一研究的成功，离不开归国科学家王德宝及其团队的努力。据王德宝的学生刘新垣院士回忆，先生严谨治学，从不做没有把握的事，虽获得了很多荣誉，但淡泊名利，从不为此骄傲。王德宝怀着对祖国科技事业最纯粹的热爱，将一生都奉献给祖国的核酸生化研究工作，是核酸生化界之楷模，也是后辈之榜样。

古镇神童

1918年5月7日，王德宝出生于泰兴市黄桥镇。据王德宝的侄子、在黄桥从医的王克文介绍，王家当时是黄桥第三大家族，素有好学之风。王德宝的父亲王嵩樵作为一名知识分子，对子女教育十分严格。

王德宝4岁便跟随当地耆宿名儒吴铁珊先生读私塾，在吴先生的谆谆教导下，王德宝对知识的渴求愈发强烈。1929年，11岁的王德宝插班到镇上的新学堂——黄桥镇小学读五年级。一年后，他顺利考入南通崇敬中学。中学期间，王德宝对生物化学领域表现出浓厚的兴趣，如饥似渴地汲取先进知识，也在其心中埋下了科技报国的远大抱负。

1936年，王德宝同时被国立中央大学和浙江大学录取，他选择了离家较近的国立中央大学生物化学专业。然而，平静的大学生活随着1937年日本侵略军轰炸上海并迅速波及南京而发生了改变，国立中央大学被迫于同年11月西迁至重庆沙坪坝。王德宝克服万难随校西迁，继续潜心学业。1940年，22岁的王德宝顺利从国立中央大学毕业，并留校担任助教。此时正处抗战时期，生活、工作和科研条件十分恶劣，年轻的王德宝咬牙坚持，把科技报国作为坚定信念和不渝追求，一边教授课程，一边艰难地从事相关研究工作。1943年，他转入成都中央大学医学院的生化科，在郑集教授（中国生物化学开拓者之一）的带领下，展开了一系列关于植物蛋白质营养价值的研究工作，发表了多篇论文，并于两年后晋升为讲师。

1947年，王德宝参加公费留美的招生考试，当时仅有10个名额，他以优异成绩通过筛选，顺利获得留美资格。“我抱着试试看的想法，报考了与生化专业相近的制糖化学专业。半年后接到录取通知，我迅速办好签证，买好从上海直航美国的船票。即将离开故土了，这一去不知哪天才能回来，我心里很不平静，但有一点是明确的：一定要珍惜这来之不易的学习机会，争取早日学成归来报效我们的祖国。1947年1月初，我告别了上海港，开始了横渡太平洋的旅程，14天后，绕地球半周来到美国南部的路易斯安那州。”1994年9月6日，是黄桥中学70周年校庆纪念日，作为特邀嘉宾，76岁的全国著名生命科学家、中国科学院院士主席团成员、生物研究所研究员、全国政协委员王德宝，回到了阔别25年的家乡，在接受泰兴日报社记者采访时说。这是个濒临墨西哥湾的地区，主产甘蔗等物。他在路易斯安那州立大学读了1年的制糖专业，在校期间，他谨记“忧劳可以兴国，逸豫可以亡身”的人生格言，潜心钻研，并加入美国化学会路易斯安那州立大学分会，成为荣誉化学会员。考虑到制糖工艺较简单，而美国中部城市圣路易斯城华盛顿大学有生化系，于是，在1948年夏他就转入了华盛顿大学医学院生化系研究生班学习，完成了硕士论文《胞苷的酶促脱氨》，并取得硕士学位。

后来，美国政府停止给在美留学生发放经费，面对恶劣的条件，王德宝没有轻言放弃，而是继续埋头苦干。他明白，国家需要他，不能就此退缩。1949年，他随指导老师——诺贝尔生理学或医学奖得主卡尔·斐迪南·科里教授，前往美国西部保留地大学任助教，经过两年钻研，取得了不少研究成果，包括在戊糖乳杆菌中发现了能有效分解腺苷、胞苷和黄苷的核苷酶等，并顺利获得博士学位。

王德宝虽远涉重洋，仍心怀报国之志。他十分珍惜来之不易的留学机会，潜心研究，争取早日归国、为国效力。从国内到国外的求学之路，王德宝始终初心不改、使命不移，探求科技真理的脚步从未停止，科技报国的精神火种在他心中不断点亮。

毅然归国

“在美国留学5年的日子里，我无时无刻不思念祖国，思念父母，思念亲人。当时虽然美国采取敌视封锁新成立的中华人民共和国的政策，台湾特务在美国活动猖獗，极尽造谣诬蔑之能事，但我们还是从有关报纸、收音机里，特别是从两周一封的家信上获得中国的真实情况：人民当家作主，饱受战争创伤的国土百废待兴。我刚过而立之年，恨不得一步跨进祖国，投身火热的建设。可是实现这一美好的愿望又是谈何容易啊！”获得博士学位后，王德宝对故土的思念之情愈发浓烈，报国之志也在心中愈加坚定。1951年，他从当地《华侨日报》上看到“祖国需要科学”的消息，决心要回国为祖国的科学事业作出贡献。然而由于当时人为的隔绝，回到祖国内地必须经过香港中转，而香港又是英国人殖民统治的地方，这就很费了一番周折。1951年春，王德宝到英国驻克利夫兰领事馆办理香港过境签证手续，那个英国官员摘下眼镜把他打量了好几遍，然后慢条斯理地说：“你是国民政府送出来留学的，现在中国内地是共产党执政，如果共产党不肯接受你，你就要滞留香港，那就会给香港造成负担，如果有了共产党的接受证明，我们可以考虑放行。”到哪里去弄证明呢？他忽然想到回内地后的第一站是广东，于是就大着胆子给当时的广州市军事管制委员会主任叶剑英写了一封信，介绍了自己的情况，剖明了个人回归祖国的心迹。时值立国之初，叶剑英元帅肩负着军事重任和地方整治大业，他会回信吗？王德宝在忐忑不安中等待了一个月，居然等到了中华人民共和国政务院的回信和两份文件，一份是中文，一份是英文，是为他办理过境签证作证明用的。“记得文件上有这样一句话：‘中国政府和祖国人民随时欢迎所有的留学生走任何途径回国参加建设’，文末还有政务院总理周恩来的签名章。祖国母亲没有忘记她的儿女，我将回信紧贴在胸口，高兴的心情难以言表！”第二天，王德宝理直气壮地赶到英国驻克利夫兰领事馆交涉。谁料，在那里又受到了刁难：“因为你们要去的地方是中国内地，我们做不了主，必须将文件手续寄送香港审批。”就这样又拖了一个多月，香港方面才给他签证，但条件很苛刻，规定他在香港的逗留时间不得超过24小时。

1951年9月，王德宝离开旧金山，坐了5天的船来到美国西部的檀香山，由于客轮要在檀香山逗留8小时才能西渡香港，他们几个同船的青年人相邀上岸吃饭购物，游览檀香山。谁知天有不测风云，当他们返船后即被告知不准回国，便只好离船上岸，在檀香山移民局委身了一夜。移民局是临时安置流动闲散人员的地方，在他们的强烈抗议下，第二天改住了旅馆，几天后接到美国政府的书面答复：“你们不能离开美国，在美国可以享受就业和教育的充分自由，如果自行离境，就会受到罚款5000美元或处以5年徒刑的处罚。”当时一起被扣留的有9个人（其中7个人都是留学生，还有一对夫妇），大家一分析，发现被扣留的都是研究自然科学的，这大概与已经爆发的朝鲜战争有关。几天后，同行的8个人相继原路返回，王德宝还在檀香山苦熬着时光。他想，已经从旧金山来到檀香山，离祖国越来越近了，怎么可以舍近求远呢？同时还抱有一个幻想，就是自己一个人目标小，会不会被"开恩"放行呢？他一边耐着性子等待，一边找到一家华人办的工厂，在那里干起了装卸木材的活儿，以维持基本的生活。后来，他越来越觉得不对劲，一是回国的可能性很渺茫，继续耗下去将会丢掉所学的知识；二是没有干过体力活，两个月的"苦役"已经使他筋疲力尽了。无奈中他给约翰·霍普金斯大学写信谋求新职，很快收到了回信。1951年11月，王德宝珍藏着对祖国的无限思念，又一次从太平洋东海岸来到大西洋西海岸，在霍普金斯大学从事博士后的研究。

1954年夏，随着朝鲜战争、法越战争的先后停战，王德宝感到回国的机遇已经到来。他当时坚定一个信念，只要离开了美国，就有办法回到祖国。为了避免英国人找麻烦，他决定改走大西洋，于1954年10月乘船来到法国。到了巴黎才知道，当时回到祖国内地只能经过香港，必须要拿到英国的过境签证才行，他只得硬着头皮去跑英国驻法国巴黎的大使馆，英国方面一会儿说他们是从美国逃出来的，一会儿又说要经过香港方面的审查，几经周折，一个月后才拿到过境签证。就这样，他从巴黎往伦敦，穿越直布罗陀海峡，渡地中海，过苏伊士运河，出红海，涉印度洋，绕地球半周，1954年11月来到香港后，又脚不沾地乘火车经深圳来到上海，于1954年底终于回到阔别8年的老家黄桥，享受了一家团圆的欢乐。

"记得伯父告诉过我，在美国回香港的船上，他住在头等舱，晚上有一个人去找他，自称是台湾方面的，请求他下船后跟他去台湾，理由是'你是我们培养的人才'，当时是公费留学，费用全部是国民党给的。我伯伯说十年没有见到自己年迈的母亲，所以必须回内地。那特务立马翻脸，拿出手枪威胁，同时要他在一份合同上签字，内容是到内地后要将科研成果邮寄到香港。到香港后，伯伯立即将此情况告诉当

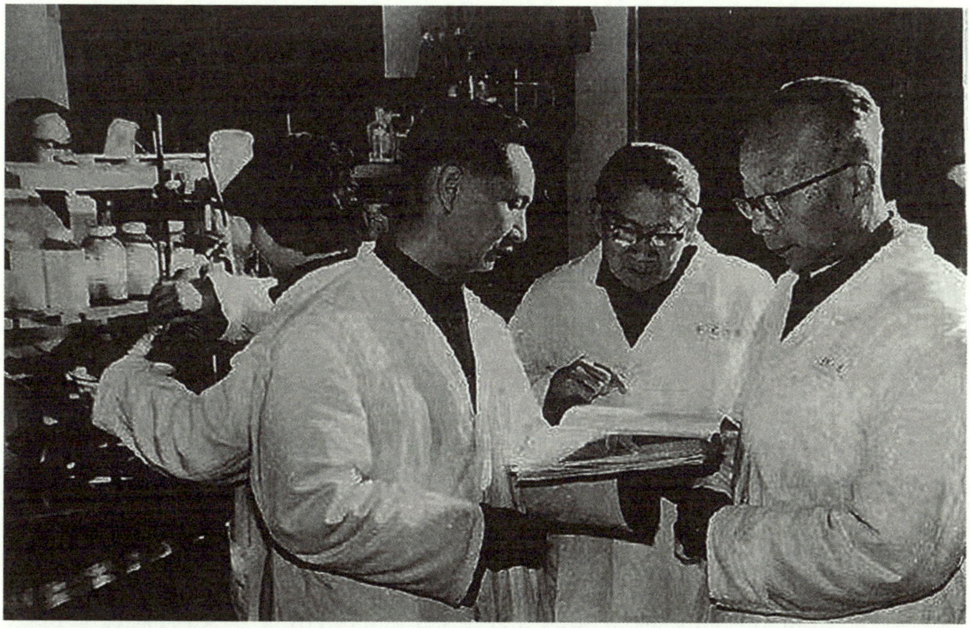

中国科学院上海分院院长、人工合成核糖核酸协作组组长王应睐教授（右二），上海生物化学研究所研究员、会战指挥组组长王德宝教授（右一），和科技人员讨论实验结果

时的广东领导，得到了组织的帮助。”王克文介绍。

在家仅逗留三天，王德宝在家人陪同下赴京报到，受到了周恩来总理等党和国家领导人的亲切接见，并被迅速分配到中国科学院生理生化研究所，从事生命科学研究。

王氏小组

面对当时国内百废待兴、一穷二白的情况，王德宝首先创建了核酸研究组，随后于1961年建立了我国第一个核酸研究室，开辟了我国在核酸生化领域的新天地。当时，研究所、研究室的条件都很差，王德宝怀着一颗赤诚报国的心，带领同仁开展核酸的分离、纯化以及结构、功能的研究工作。他还被任命为“酵母丙氨酸转移核糖核酸的人工全合成”研究学术组组长，带领研究队伍不计名利地埋头钻研，甘坐冷板凳。

在当时的中科院上海分院，曹天钦、邹承鲁连同钮经义、王德宝被称为“四大金刚”。

1965年春日的一天，天刚刚亮，院子里已是春意盎然，一片鸟语花香，然而，王德宝他们却无意于春色。天然胰岛素项目负责人径直进了办公室，他在房间里来回走动着，嘴里不时自语道：先给他们多少毫克呢？合成的人工A链太金贵了，他一时下不了这个决心。太上老君炼丹也只是用了七七四十九天，这人工A链、B链大家用了6年之久，炼丹炉里的仙丹用的是三昧真火，人工A链、B链用的是科学家们的心血、汗水和精气神。最终，他下了决心，拿起笔在申请单上写下了100毫克。

所领导和王德宝他们聚集在了实验室门前，大家眼巴巴地盯着实验室的门，期待着那个伟大时刻的到来。

实验室里，科研人员杜雨苍、徐杰诚、施溥涛正紧张地进行着实验，从早上到下午，又到了傍晚，人工胰岛素合成了，这时施溥涛提来一只小白鼠，杜雨苍麻利地把合成物注射到小白鼠身上，随后把它又放回笼子里。三个人目不转睛地盯着小白鼠，小白鼠在笼子里很悠闲，很轻松，一点要跳动的苗头都没有。

实验失败了。

同那个春日的实验一样，1965年9月3日，全合成再次开始了，杜雨苍研究员每放进一点试剂，就停下来耐心等待，杜雨苍知道，1959年那次天然重合物之所以成功，是因为用的是温和反应，一次次试验证明，缓慢氧化方法能得出最佳效果。世界上那些专注于胰岛素的科学家为什么没有成功？因为他们采取的都是强烈反应，结果那些生物分子还没反应就夭折了。

杜雨苍就像一个高超的厨师一样，在拿捏着最佳火候，他这是春风化雨，润物无声，在不知不觉中，花开了，草青了，柳绿了。

傍晚时分，人工胰岛素合成了，杜雨苍要把装有合成物的试管锁进冰箱里，他就像慈母托着刚出生的婴儿，几个人小心翼翼地簇拥着他，既像众星捧月，又像百鸟朝凤。

冰箱上锁了，也把大家的期待一起锁到了里面。人工合成胰岛素

参加最后人工全合成核糖核酸的科学工作者们(前排左三为王德宝)

将在冰箱里静卧14天,这数日,它将在恒温下日臻完善。

1965年9月17日上午8时,生化所、有机所、北京大学的代表神态庄重地走进了实验室,最为关键的时刻到来了,走廊里满满的人连同实验室里的人好像都屏住了呼吸,整个生化大楼竟然如沉睡了一般。

杜雨苍觉得自己的心在咚咚地响,好似随时要跳出来一样,他俯下身想打开冰箱,就这样一个简单的动作,他迟迟没有完成,旁边的人说,丑媳妇总得见公婆,快让“她”出来吧。杜雨苍答应一声,可声音都变了,他的腿有些发软,手也在抖,他吸了口气,终于平静了许多,打开冰箱门,拿出了那支冰凉的试管,随后小心翼翼地举到眼前查看,试管里的合成物已经变成了粉末状,杜雨苍的呼吸又一下子加快了,他轻轻转动着试管,逆光下,那些粉末状的物质闪闪发光。

杜雨苍抑制住满心的喜悦,立即从试管里取出些许粉末放到显微镜下观看,那晶体莹莹闪耀,光彩夺目,与天然牛胰岛素结晶形状无二。

杜雨苍这才走出实验室,走廊里的人都睁大眼睛等着他开口,可杜雨苍双目含泪,嘴唇翕动着,却一句话也没能说出来,所有人的心都一下子揪紧了。

所领导道:“无论什么结果,都要告诉大家。”

一句话好像提醒了杜雨苍,他挥动双臂,大声喊道:“我们已经得到了结晶!”

大家一下子跳跃起来，很多人都相拥落泪。

接下来是小白鼠的惊厥测验，这是最为关键的环节。测验开始了，王德宝等人跟着杜雨苍涌进了另一个实验室，这时，装有144只小白鼠的笼子已经一字摆开，按照预先方案，共测验3次，每次有48只小白鼠“上阵”，其中24只白鼠注入天然胰岛素，余下注入人工合成胰岛素。

大家忙碌完毕，又把小白鼠一一放在了玻璃箱隔中间。

大家等候着，心都提到了嗓子眼，空气也仿佛一下子凝固了，每个人好像都能听到钟表秒针走动时的嗒嗒声。

20分钟后，本来还悠闲自在的小白鼠们都像受了电击一样同时抽搐了一下，接着纷纷跳了起来。

所有的人都在喊：“跳了，跳了！”

老鼠跳了，所有的人也都跳了。

紧接着，进行二次、三次测验，从开始的大剂量到最后的微剂量，三次测验证明，天然物和合成物的活力完全一样。

最后科研人员又进行了层析、电泳、酶解图谱等测定，天然物与合成物也完全相同。

“成功了！成功了！”

这声音由实验室到走廊汇成一片，回响在整栋大楼里！

人工胰岛素的成功合成，让海外归来的王应睐、邹承鲁、曹天钦、钮经义、王德宝等科学家兴奋不已，感慨万千。十多年前，或者更久以前，他们这些身在海外的学子为了报效祖国，归心似箭，最后冲破重重阻力才回到了祖国的怀抱。

当年，为了引进更多的人才，研究所从国外请回了维生素女专家张友端，又从美国请到了蛋白质科学家钮经义和核苷酸代谢专家王德宝，当年远在比利时学习的周光宇也接到了热情洋溢的邀请信。

人工合成牛胰岛素，是中国科学家智慧的结晶，也是中国精神的结晶，至今它还在熠熠生辉。

随后，王德宝率领他的团队，发起了对酵母丙氨酸转移核糖核酸的冲刺。

中国科学院上海生物化学研究所原科研人员郑可沁回忆，1968年8月24日，周恩来总理曾说“生命起源应该研究”，此后，就由生化所为主，开始了“人工合成核酸”项目，并以“八二四”命名此课题。当时，协作单位有6个，参加人数超过150人。“那时，我正在东风生化试剂厂下厂劳动，被调回所内参加此课题工作。这个课题，不但工作量大、困难多，而且进行许多年之后，研究进展仍不大，中途曾有过究竟是继续做下去还是下马散伙的争议。当初的情况是，如果继续做下去，似乎前途渺茫，很可能一事无成，浪费更大。下马不干吧，也很可惜，已经开始了快9年的课题，单单用去的有机溶剂和试剂，就需要游泳池来容纳，更不说其他的花费。当时的确有点人心惶惶，许多人已离组而去。在这最危急、最困难的关头，王德宝先生果断地说‘八二四组’不能散！要继续做下去，并提出了切实有效的方案，以化学合成与酶促合成相结合来完成人工合成核酸项目。王先生希望我能安心地参与最后一步的全合成工作。”

王德宝教授在中国科学院人工合成核糖核酸学术会上作题为《酵母丙氨酸转移核糖核酸的全合成和半合成》的学术报告

正是凭借着这份坚韧不拔的定力、革故鼎新的勇气，王德宝他们耗时13年，经过千百次的探寻和摸索，成功合成了具有完整生物活性、和天然分子结构相同的酵母丙氨酸转移核糖核酸。这项研究有助于进一步揭示核酸在生物体内的功能和作用，是我国在探索生命科学奥秘的征程中取得的一项重大成果，使我国在人工合成生物大分子方面的研究居于世界领先地位。同时该研究获1984年中国科学院重大科技成果奖一等奖、第三届国家自然科学奖一等奖等殊荣。

在酵母丙氨酸转移核糖核酸合成工作的每一步，都会有学术、方案、技术方法上的不同意见，有时大家还会争得面红耳赤，最后只好希望王德宝"裁决"，但他从不以专家的权威来强求一致，而是让不同的方案都设法做些试验，进行"多路探索"，在实践的基础上，再寻求一种最佳方案。

当快要取得胜利时，1979年6月，日本大阪大学的大冢荣子来华访问，介绍她所在的池田森源实验室将在两个月内完成甲酰甲硫氨酸转移核糖核酸的人工合成工作。此时，我国尚在向半分子进军途中，不少人沉不住气了，流露出焦急、懊丧的情绪。

王德宝不愧有大将风度，他分析了中日双方的强弱：首先，日本虽然进度比我们快，但他们的合成物中没有稀有核苷酸，而是用普通核苷酸代替，不如我们的更接近于天然核酸；其次，日本尚未考虑测活手段。因此，我们还是有希望的！

"要争，就要争第一！"王德宝建议加强大片段、连接酶和测活的力量，以更严格的标准，抓好每一个环节。

在一次重要实验前夕，他给大家讲起了"关云长大意失荆州"的故事，再三强调，越进入最后阶段，越要慎之又慎，一切从零开始，切莫疏忽大意，功亏一篑。

他和大家一起，对各种片段、试剂和工具酶，都反复检查、测试，决不放过一个疵点。严格的态度，保证了合成的顺利进行。不久，四十一核苷酸的半分子合成了。

大家再接再厉，继续奋战另一个三十五核苷酸的半分子。

然而，王德宝却累得病倒了，他住院开了刀。可是，手术刚做完，他就把研究人员召集到病房，听取实验的进展汇报，提出下一步的方案设想。出院后，所里安排他去疗养，并提出青岛、庐山等风景胜地供他选择，但他却只选中另一处——生化大楼八楼实验室。

1981年11月的一个星期日，总装组的同志照例来到实验室。可是，王德宝却叫大家回家看电视，说今天不加班。这几天正处于总装紧张阶段，时间分秒必争，王先生何来如此闲情逸致？

大家正在纳闷，还是一位关心体育的同志先反应过来：原来，今天电视转播世界女子排球赛的关键一战——中国队对美国队。他是希望大家学习女排的拼搏精神，进行最后的冲刺！

最后冲刺终于来到了，一切都已准备就绪。进行总装的两个实验室弥漫着紧张的气氛，离心机"嗡嗡"地响着，层析柱将同样透明的溶液一滴、一滴地分离到一个个试管里，架上晾起了一张张放射自显影的X片……

与此同时，测活组已调试好仪器，他们建立的测活系统，不仅能测定核糖核酸接受氨基酸的活力，而且能测定是否具有将携带的氨基酸掺入蛋白质的活力。现在，他们正等待着。

来了！王德宝和总装组的同志都从八楼下来了。他们捧着那凝结着多少人13年心血结晶的试管，向测试组走来。他们是那样庄重、严肃，似乎是捧着一张试卷的学生，去接受老师的批阅；更像是举着一面五星红旗的登山运动员，要把鲜艳的国旗插上地球的巅峰！

合成的时间到了。郑可沁从试管架上取下一支试管，紧紧地握在手中。王贵海立刻用微量注射器小心翼翼地向试管中加进配对溶液。陈海宝、吴仁龙随后将溶在水中的两个半分子，分别加到配对液中去。10分钟后，郑可沁手中的试管，已经置放到一只恒温器里……

1981年11月19日上午11时，试管从冰箱里取出，7双眼睛一齐盯着试管底部，一滴露珠般的透明液体出现在大家眼前。经过凝胶电泳放射显影，人们看到，和天然核糖核酸分子结构一模一样，出现了一条人工合成的核糖核酸的条带。

人工合成成功了！世界上第一个人工合成的酵母丙氨酸转移核糖核酸诞生了！

王德宝，人工合成核糖核酸片段连接会战组的领导者和组织者，是以冷静、沉着著称的。但此刻，他的双眼也涌出了泪水，这是喜悦的泪水。许多年来，他和他的同事们攻克了多少难关啊！他患有高血压、冠心病等多种疾病，这些年医生开给他的全休假条、半休假条，已经有了厚厚的一叠。可是，即使他被医生强制住院，他的病房又成了科研人员们讨论研究工作的地方……

从1982年开始，王德宝及团队专注于酵母丙氨酸转移核糖核酸结构与功能以及其中修饰核苷酸的生物功能等方面的研究。他们通过改造酵母丙氨酸转移核糖核酸，合成了三种类似物，合成物中含有全部修饰核苷酸，也拥有全部生物活力。王德宝研究团队蜚声海内外，其中美国《实验生物学联合会会议录》杂志发表的《中国近期的核酸研究》一文，曾对他们的研究工作给予了高度评价："上海王氏小组在核糖核酸的研究方面达到了和西方科学界同样的水平。"

王德宝学成归来，放下功名利禄之心，扎根一线做学问、搞研究，用自己的双手开辟了我国核酸生化事业的新局面，生动诠释了归国科学家的爱国精神与情怀。

桃李芬芳

满园桃李竞芳菲，累累硕果开先河。王德宝明白，在做好自己研究的同时，只有重视科技人才培养，让学界后浪辈出，我国的科技事业才能勇攀高峰。在他的带动下，涌现了一大批从事核酸生化研究的专业人才，为我国核酸生化领域的快速发展奠定了坚实基础。

在教材方面，他主持编写了《核酸：结构、功能与合成》上下册系列丛书，该书为生物化学、分子生物学等领域的研究者和高等院校师生的学习和研究提供了重要范本。在教学方面，他曾兼任复旦大学、上海科技大学教授，开设核酸专题课程，还为生化所研究生及新分配人员进行核酸相关知识的讲解，取得了很好的社会效应。在硕士、博士培育方面，他先后招收了8名博士生和16名硕士生，培养了众多核酸生化领域高层次人才，为我国研究生教育事业作出重要贡献。在学术交流方面，晚年的王德宝经常到世界各地演讲，将先进的核酸生化知识传遍世界。1982—1984年，他在美国、英国等国外的大学、研究所作报告，获得国际学术界的普遍好评。

王德宝一生醉心学术，致力于推动我国核酸生化领域教育事业的发展，开创了我国核酸生化领域教育的先河。

对中国科学院上海生物化学研究所原科研人员唐海伦来说，王德宝先生的"开卷考试"可谓出人意料。"王先生曾是我们科大的核酸课教授。他上课从不讲废话，讲义几乎都是世界上最新研究进展，非常详细。有一年考试到了，大家都忙着复习，当我们听到核酸课开卷考试时都乐了：这下可不用死记硬背了，因为可以看书啊！考试那天，大家都带着王先生的讲义，以为'天下太平无事'，不料王先生的试题是那样详细，在鸦雀无声的教室里只听见'沙沙'的翻书的声音，每个人都忙碌地在书本里寻找答案。对我来说，困难在于许多问题似乎从没见过，这要从哪本书里找答案呀？这下大家才真正领教了王先生的开卷考试！"

"1959年我从有机所回到生化所时，分配到了王先生的组里。有一段时间，我和他共处一室，王先生给我讲他在美国的生活和他回国时的困难。两德统一后的一天，我去了柏林最大的书店。在化学书籍部分，我发现一本著名化学家词典，浏览书页，看到了对王德宝先生和他在酵母丙氨酸转移核糖核酸方面工作的介绍。这项成就使他成为最杰出的科学家之一，我为自己曾在他的指导下工作感到骄傲。"中国科学院上海生物化学研究所原科研人员孟威廉说，"在我的科研生涯中，王先生给了我很多帮助，他永远是我的老师。当我为实验不顺利而急躁的时候，他常常对我说'别着急嘛'，使我平静下来。他也是一位很有耐心的人，如果对我们的实验结果有不同看法，他会平静地与我们讨论。我至今仍能快乐和感激地回忆起我和王先生共事的那段时光，我从他那里学到很多。”

2002年11月1日，王德宝走完了辉煌的一生，他倾其所有书写了我国在核酸生化领域不朽的神话。

“伯伯的身体好得很，因一点小病医生建议他做手术，结果检查的时候不慎将痰挤入肺中，造成肺部感染，发烧40℃，尽管请了中国台湾和日本的医生来抢救，最后还是不幸去世了，享年84岁。”王克文说，当时接到了报丧电话，一家人痛哭失声，遗憾的是没能去参加伯伯的葬礼，“而伯伯最遗憾的是，没能参加我奶奶的葬礼，他当时在北京参加一个重要会议，无法请假回家，可以说他是噙着眼泪开完会的。”

王德宝去世后，他的学生和同事纷纷发文悼念：

中国科学院上海生命科学研究院生物化学与细胞生物学研究所研究员刘新垣院士——

我的导师王德宝院士，已不幸在他84岁时与我们永别了，他的尊容，他的品格，他的谦虚，他的厚道，他的谨慎，将永远留在我的心中。

王先生对我的帮助最大，恩惠最深。我于1956年被录取为王应睐所长的研究生，1957年入学。1960年我转入王先生领导的核酸室,成为他的研究生，毕业后一直跟随王先生工作直到1979年，将近20年，这也是我直接受王先生培养的时期，其中给我印象最深的是修改论文，几乎每修改一次都要挨批。我的文章较多，故挨骂也较多，除一般措辞不当外，关于逻辑性不强、重点不突出挨批最多，还有就是主动叙述和被动描述或用虚语描述不当挨批的也不少。如果我现在有点什么本领改学生论文的话，那就是从王先生那里“批发”来的。1979年我升为副研究员后，选题有了较大主动性，但写的文章还得请王先生过目、修改，否则心里就不踏实，所以就算挨批也要将文章送去请他修改。

另一使我终生难忘之事是1991年他推荐我作为中国科学院学部委员（院士）候选人，本来我对此心中没数，但有了王先生的推荐，心里就踏实多了，因王先生为人谨慎，没有把握的事，他从来是不会去做的。当选院士是我人生最重要的转折点，我的某些重大成就是在当选院士后获得的，因此我深深地感谢我的老师王德宝院士！

中国科学院上海生命科学研究院生物化学与细胞生物学研究所研究员陆长德——

敬爱的王德宝先生离开我们了，我心中感到无比的悲痛。

我作为“文革”后的第一批研究生来到了生化所，成了一名生命科学研究的新兵。二十多年来，慈祥谦和、严谨睿智的王先生，一直指导关怀着我的成长。

在我当研究生的那段日子里，核酸室里“酵母丙氨酸tRNA全合成”已经进入最后攻关时刻，其他各个小组的工作也都非常活跃。王先生既要具体领导“酵母丙氨酸tRNA全合成”工作，作为主任他还要领导整个室的工作，因此工作非常忙。在晚上和周末，由于电梯不开，年届六旬的王先生常常要一步一步攀上8楼，到“酵母丙氨酸tRNA全合成”会战组实验室工作。那段时间，核酸室在王先生的领导下取得了许多成果，除了“酵母丙氨酸tRNA全合成”外，其他研究也硕果累累。王先生虽然很忙，但为了多培养人才，1978年他同时接收了我们3个研究生。王先生还尽力满足我们实验所需的各种条件，使我们的工作得以顺利完成。例如我的工作需要使用同位素标记化合物，当时订货远不如现在这么方便，王先生每个月都给我安排一定数量的同位素标记化合物使用。我有幸在这样的氛围中学习、工作，学到不少知识和技能。同时我也感受了科研的艰辛和快乐，这是一段令我难以忘怀的日子。

王先生治学严谨是众所周知的。我在毕业留所工作不久后参加了干扰素基因工程研究，很关心大肠杆菌中mRNA翻译起始区二级结构对翻译效率的影响，我根据当时能得到的入噬菌体的一些数据进行了分析，写了一篇文章。当我征询王先生关于文章署名的意见时，王先生非常肯定地表示，他对这方面不熟悉，对文章也没有贡献，因此不要署他的名字。王先生实事求是的态度给我留下了深刻的印象。

王先生的为人和品德也是人人称颂的，他平时严于律己，尽量不麻烦别人、不麻烦单位；他宽以待人，在处理室里的事务时既有原则，又善于说服别人。当年核酸室的同志都非常尊敬他，在先生的领导下，室内学术气氛民主、关系融洽、团结合作，这对于核酸室的发展起到了重要的作用。

中国科学院上海生命科学研究院生物化学与细胞生物学研究所研究员祁国荣——

1955年，我大学毕业分配到中国科学院上海生理生化研究所，师从王德宝先生。我是他回国后的第二个学生。20世纪50年代，我对核酸产生兴趣，是在听了他在生化训练班讲授系列核酸课和阅读了他撰写的核酸综述而产生的。尔后，我终生从事核酸研究和教学，直至退休。

王先生是我的启蒙导师。他教导我如何开始和进行科学研究：要勤奋和严谨；他指导我如何撰写研究论文：要实事求是和简明扼要。我早期发表的两篇论文，都是在他细心指导和修改下完成的。

20世纪50年代末，上海科学技术大学成立，开设了生物物理化学系，王先生为该系讲授核酸课，我是他的助教。他为学生写了很详细的核酸讲义，是油印的，这是我国第一部核酸教材，对我国开展核酸教学和研究意义深远。

中国科学院上海生命科学研究院生物化学与细胞生物学研究所研究员刘望夷——

1960年秋，我大学毕业后分配到生物化学研究所当研究生，后来院部通知，1960年和1961年由学校分配来所的研究生必须通过入学考试。考试后10月份我被正式录取，导师为王德宝先生。我在大学学习期间“政治运动”一个接一个，整天开会，实际上读的书连大专生也不如，所以我刚到生化所时几乎什么都不懂。至于如何撰写研究论文，我当时连写中文稿都不会，更不要说写英文稿了。王德宝先生耐心地为我反复修改研究论文的中文稿，英文稿则是王先生亲自撰写，我只是打字而已。

王德宝先生在生活上对我也很关心。我在国外进修期间，生化所住房分配时，王先生向所里提出，希望能给我分配离所较近的住房，因为我的大部分时间都花在实验室和图书馆。这件事我是非常感激王先生的。

作为他的一名入室弟子，40多年来我在王老师的教导下学习与工作受益匪浅，他在科学研究中的严谨作风永远值得我们学习。

王德宝院士曾是中国生物化学与分子生物学会第一、第二届常务理事，上海生化所专家委员会委员，曾任国际著名的《分析化学》编委，1979年和1981年两次被授予“上海市劳动模范”称号。他热爱祖国，淡泊名利，知识渊博，治学严谨，为我国的生命科学事业鞠躬尽瘁，作出了巨大的贡献。王德宝院士风范永存，并成为我们宝贵的精神财富！

（严　婷　搜集整理）

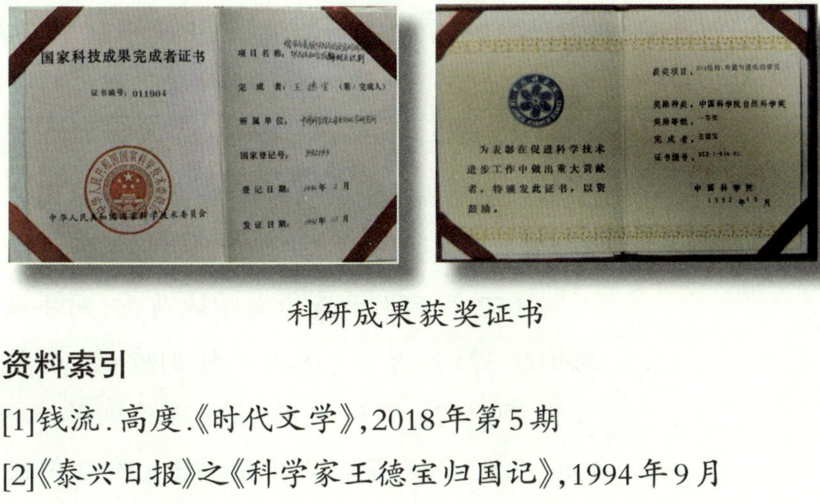

科研成果获奖证书

相关资料索引

[1]钱流．高度．《时代文学》，2018年第5期

[2]《泰兴日报》之《科学家王德宝归国记》，1994年9月

[3]九三学社网之《王德宝：中国科学院学部委员（院士）、生物化学家》，2010年12月

[4]《四川日报》之《最后合成的时刻》，1981年11月

[5]国家科技传播中心网之《王德宝：我国核酸生化领域的开拓者》，2023年5月

[6]刘新垣．悼念我的导师王德宝院士．《中国生物化学与分子生物学报》，2002年第6期

常印佛

常印佛，1931年7月6日出生于江苏泰兴，矿床地质学家，矿产地质勘查专家，中国科学院学部委员（院士），中国工程院院士，曾任安徽省地质局总工程师，安徽省地矿局高级监察员。2024年4月27日去世。

1952年毕业于清华大学地质系，同年被分配到铜陵321地质队；1960年任铜陵321地质队总工程师；1978年任安徽省地质局副总工程师；1980年任安徽省地质局副局长；1982年任安徽省地质局总工程师；1988年任安徽省地矿局高级监察员；1991年当选中国科学院学部委员（院士）；1994年被遴选为中国工程院院士；2002年任中国科学技术大学地球和空间科学学院院长。

找矿探脉行万里

——记矿床地质学家和矿产地质勘查专家常印佛

我一生中有两个驱动，一个是对社会、国家、民族的责任感，一个是探索科学的好奇心和兴趣。

——常印佛

忆根基，念桑梓。
负笈清华，赤心怀素志。
找矿探脉行万里。
浪高岸阔，长风振鹏翼。
四海心，游子意。
为学为官，为公为要义。
跬步不息双院士。
老骥伏枥，晚霞胜虹霓。

——题记

艰难岁月，书香为伴

常印佛的老家在苏中古城泰兴，1931年7月6日，他出生于县城南大街174号。当时县城很小，穿城不过1.5公里。小小县城风景不错，有双圈护城河，有唐代古银杏。

常印佛出身书香门第，父亲常遗生，母亲朱茝沅。常印佛是家中独子，出生不久，父亲带他到庆云寺，拜方丈慧真法师为师。法师为常印佛取了法名，并赐僧衣一套。父亲为三代单传的常印佛取名“印佛”，希望他所思所想印有佛家境界，常存佛性。

常印佛祖上在城南拥有一定量的土地，世代耕读。高祖父曾做过拔贡，相当于举人副榜，是当地知名私塾先生。曾祖父时，举家迁入县城，不再务农，读书传统依然延续，祖父亦中秀才。至常印佛父亲一辈，科举废，新学兴，父亲考入上海龙门高等师范学校，修图书馆科，毕业后投身教育，在上海教书。

父母是姑表亲，在当时比较常见，属于亲上加亲。母亲一族世居县城，祖上经商，至常印佛母亲一辈，商号停业，转以土地为生。外祖父是当地绅士，受清末民初民主思潮影响，思想开明，重视女子教育，把女儿都送去读书。母亲姐妹五人，没有兄弟，她排行第四，大姐早夭，其名未详，二姐朱蕙沅，三姐朱蘅沅，小妹朱芹沅。蕙、蘅、茝、芹都是《离骚》篇中的芳草，反映了母亲家族的文化修养。母亲考上南通女子师范学校，该校为清末状元、民初政界耆宿及实业家张謇所创，在沪宁一带颇有名气。母亲毕业后，从事儿童教育。

常印佛小时候常跟母亲学儿歌，听她讲历史故事。父亲工作繁忙，一年中仅寒假能回家一趟。平时家中常收到父亲来信，叮嘱母亲将常印佛照顾好，教育好。

1936年秋，常印佛5岁，母亲把他送到离家不远的襟江小学读幼儿班。入学不久常印佛染上麻疹，休学在家，后因体弱未再返校。一年后日本侵略军发动“卢沟桥事变”，抗战全面爆发，紧张局势影响到泰兴城。当时父亲在上海交通大学工作，他和祖母商量，打算举家随校迁往抗战后方重庆。因祖母年事已高，行动不便，不愿随迁，未能成行。父亲随校西迁，留下母亲在家照顾祖母和常印佛。

兵荒马乱，人心惶惶，想拥有一个安静读书的环境已不可能，学校也难以维持正规教育。在此情形下，母亲决定将常印佛留在家里，由她担任专任教师。6岁之后的几年时间，常印佛都在家学习。母亲教授语文、数学等科目，闲暇时讲解名人典故，教育常印佛要以先贤为榜样，立大志，做大事。

儿时在家读书的几年，于常印佛而言是一生中重要的启蒙阶段。家中藏书颇丰，是他汲取知识的宝藏。完成母亲安排的学习任务后，常印佛就在书架上随意翻书，从古代典籍到现代图书，从竖排线装书到画报画册，都看得津津有味，他的读书兴趣和习惯由此形成，并伴随一生。常印佛至今记得，儿时所读书中，《世界科学家列传》深深吸引了他，他当时感觉自己站在一道门槛上，一个崭新的自然科学世界向他豁然敞开。其中，英国科学家卡文迪许的不凡人生打动了他，常印佛读完久久不能平静，朦胧中产生了献身科学的志向。

父亲随校迁重庆后，任重庆图书馆馆长。他虽公务繁忙，仍经常写信给家中，关心常印佛的读书情况，嘱咐母亲请老师为常印佛补习四书和古文。为此母亲请来两位先生，分别教授儒家经典四书和古文。常印佛读完《孟子》和《论语》，也读了许多汉魏文章，韩、柳、欧、苏等各代名家名作。儒家经典和古典文学的学习，为常印佛打下了坚实的古文功底，工作以后他经常咏诗畅怀，即得益于这一时期的学习。

1940年，父亲因感染痢疾不幸去世，年仅40岁。噩耗传来，全家陷入悲痛之中，母亲勇敢地挑起重担，成为家中顶梁柱，她把常印佛送到私塾先生宋介之那里读书。宋介之是父亲生前朋友，教育学生认真负责，对常印佛更是关爱有加。当时许多私塾所设课程与正式小学相差无几，有算术、自然、历史、地理、古文等，后来还开设了英语课程。这些私塾教育也得到社会认可，读完之后颁发证书，等同小学毕业，能正常升入初中。1943年夏，常印佛从宋介之私塾毕业，入读泰兴县私立延令中学。1944年9月，常印佛转学至扬陋学塾。说起扬陋学塾，那可很不一般。1940年1月，泰兴沦陷，泰兴中学迁至乡下，伪军师长蔡鑫元在城内办起一所私立延令中学，推行奴化教育。本地爱国人士为抵抗奴化，新建一所初中，即扬陋学塾。这所学校历史很短，但却培养了不少有识之士、杰出人才，其中就有后来的中国作家协会副主席、以《美食家》蜚声文坛的陆文夫。1945年9月，新四军解放泰兴城，撤销伪政府所办学校，保留扬陋学塾。1946年，国民党成立新的县立中学，扬陋学塾并入，常印佛在县立中学读完初中最后一学期。

1946年夏，常印佛同时报考三所高中，即国立中央大学附中、江苏省立中学和一所私立学校，都被录取，常印佛选择了中大附中。由于中大附中抗战期间迁往后方，1946年11月才返迁南京，常印佛便先在省立中学(今江苏省镇江中学)学习两个月。中大附中是一所很好的学校，毕业生中先后有50多位成为中国科学院或中国工程院院士。

3年后，常印佛考入清华大学。

负笈清华，赤心素志

1949年9月，常印佛到清华大学报到，学习地质专业。为什么选择地质？常印佛在《与大山结缘的道路》这篇文章里追溯往昔：

引导我学地质的最初因素恐怕与两位乡贤有关，一位是地质学家丁文江先生，一位是采矿学家严爽先生。早在小学时期，我就从老师和家人的口中知道一些他们的事迹，虽然无缘拜识两位先生(当时丁先生已作古，严先生则远在大后方)，但"地质"和"矿业"这两个名词已在我幼小的心灵中留下深深的印象。可以说"地质学"作为一门学问，我比物理学、化学或哲学等还更早地听到，因而在思想上总怀有一种朦胧的仰慕之情。

丁文江，泰兴黄桥镇人，中国地质事业的开拓者、奠基人。

严爽，泰兴姚王街道人，中国石油工业的开拓者之一。

巧合的是，这两位科学家，都是常印佛的长辈亲戚。常印佛的小姨母朱芹沅，嫁给丁文江的堂弟丁文泽。严爽，则是常印佛的远房堂姑父。

虽然丁文江去世时常印佛才5岁，但丁文江当时是全国闻名的大科学家，在泰兴更是家喻户晓的大人物。母亲常给常印佛讲述丁文江的故事，鼓励常印佛以他为榜样，做个对社会有用的人。常印佛上中学期间，严爽是老师口中的英雄人物：1934年，由严爽任队长的陕北延长井位101井打出石油，这是中国人凭自身力量打出的第一口出油井；抗战期间由严爽担任矿长的玉门油矿产油量巨大，为抗战胜利提供了重要的战略物资。

抗战胜利前，清华大学地学系包括地质学、地理学以及气象学3个专业。复校后，气象学从地学系独立出来。常印佛报到时，清华地学系只包括地理和地质2个专业，其后不到一年，为适应国家需要，地质专业从地学系分离出来，单独设系。

升入清华大学不久，常印佛与同学们有幸参加了开国大典。1949年10月1日，天还未亮，他们就早早出发，从清华园站乘火车至西直门，下车后步行到天安门广场。这一段路大约13公里，他们走了很长时间，直到毛泽东主席宣告中华人民共和国成立，才进入天安门广场。作为新中国第一盛典的参与者，常印佛感到十分兴奋。

中华人民共和国成立之初，国家工业基础极为薄弱，为巩固国防，振兴经济，中央制定了优先发展重工业和国防工业的战略方针。国土广阔无垠，但其间蕴含着多少可供开发的资源，却是未知数。工业建设和经济发展离不开资源，尤其是矿产资源，所以，首先要摸清资源家底。当时地质力量薄弱，全国登记在册的地质人员不到300人，其中包括高校教师、回国专家，以及一些未经实践之人，真正能上一线的仅200余人。短期内迅速培养一支新生地质力量，成为发展地质事业的当务之急。就学校教育而言，国家的要求是，多招学生，快速培养。

清华大学1949年招生两批，第一批招收863名学生，第二批招收89名，基本都来自各地名牌中学。遵照扩大招生指示，清华于1950年初又招收地质专业学生33人，这批同学通过加学课程，下半年逐渐与1949年夏季班（即常印佛所在11人班）合班上课。后因国家建设需要，这两批学生与1948年进校的学生们共计53人，于1952年同时毕业。

新一届学生入学后，常印佛成了学长。当时地质系很小，4个年级加起来才70余人，大家常在一起活动。或许是性格原因，常印佛极少表现自己，大学时光主要在课堂、图书馆里安静度过，因此给多数同学留下的记忆并不深刻，只有少数同学对他留有印象。比常印佛晚一届的刘宝珺后来回忆，大学时他发现常印佛这个学长有良好的古典文学积累，能作古体诗，思路非常清晰，看问题很有条理，是个有主见的人，也是他学习的榜样。

当年的清华大学，聚集了一批地质学界的精英，老师们朝气蓬勃，才华横溢，精力充沛，学生都喜欢上他们的课。常印佛是幸运的，在给常印佛上过课的老师中，算上北大过来代课的2位教授，共有8位后来被评为中国科学院学部委员（院士）。这样的教师阵容堪称豪华，给常印佛留下难忘的记忆。

1952年春学期，常印佛该考虑毕业问题了。当时毕业生有两个选择：一是留校读研，二是分配工作。读研不需要考试，只需提交申请。常印佛当然想读研，于是和班上其他五六名同学一起递交申请，结果只有一人获得批准。系领导力劝常印佛放弃，说现在国家需要人去做矿床地质调查工作，到基层去锻炼更有利于成长。常印佛听从建议，服从国家安排，决定到最需要的地方去。

1952年9月，常印佛登上南下的火车，途经南京转至铜陵。南京离老家泰兴很近，但常印佛决定以工作为重，先到铜陵报到。

找矿探脉，不远万里

铜陵，一座因铜而得名的城市。说起铜陵，绕不开一座铜矿，铜官山铜矿。提到铜官山铜矿，绕不开一个地质队——321地质队，而常印佛就曾经是321地质队的一员。

1952年高校毕业生中，分配到铜官山的除了来自清华大学、北京大学的4人外，还有来自南京地质探矿专科学校的3人。当时毕业生十分稀缺，由此可见地质部拿下铜官山的决心。

铜官山铜矿位于现铜陵市西南2.5公里处，由松树山、老庙基山、小铜官山等8个矿床组成。1950年，其中的松树山、老庙基山、小铜官山等矿床已进行试生产和基础设施建设，这3个主矿段矿产储量占全区储量的70%。然而，因地质报告尚未提交，地下信息了解不充分，还无法进行正规的开采设计，呈“等米下锅”态势。因此，上级要求321地质队对松树山、老庙基山和小铜官山这一主要地段进行详细勘探并提交报告。当时笔山、老山、宝山都还未开采，白家山矿床刚刚发现，罗村矿床则尚未发现。

此前，1950年，政务院财政经济委员会矿产勘测处创建铜官山铜矿测探队，即321地质队前身，成立后就在铜官山寻找铜矿。1952年5月，321地质队宣告成立，9月改属地质部。为拿下铜官山，地质部给321地质队调遣过硬队伍，任命地质学家郭文魁为队长，主抓业务工作。321地质队对铜官山6个山头同时展开勘探，每个山头各有一位负责人，他们都是独当一面的专家，郭文魁亲自负责一个山头。

321地质队队员留影纪念（前排坐者左二为常印佛）

在铜官山工作的这批人中，不仅走出6位总工程师，还有5位被选为中国科学院或中国工程院院士。

到铜官山后，常印佛被派到工地负责两台钻井的岩芯编录工作，对钻取上来的岩芯进行地质编录和取样。在此期间，还与冯钟燕一起，在青石山开展地质普查，做槽探、坑探，填制1幅1∶2500地质图。

321地质队当时的工作重点是勘探铜官山，所以其大部分力量集中于此。但郭文魁布置的找矿规划却不限于铜官山，他提出先点后面、放眼四周、扩大找矿战略，向铜官山外围派出小分队。一支小分队去已发现的狮子山矿点作远景评价，另有流动小分队在外围“四下出击”，做地质填图工作。每队一老一新，利用国民党留下的行军地形图，把考察的地质信息填写在地图上，一边填图，一边跑路线，一边找矿。

1952年国庆节后，在外普查的李锡之、方云坡小分队返回总部，他们在大通、青阳、九华山一带填了3幅图。接到他们的填图后，总部开会研究决定，下一步工作是往西拓展。分队由陈庆宣带队，把预备党员冯钟燕派给他，不巧的是冯钟燕在出发前扭伤了脚。陈庆宣就找到常印佛，让常印佛参加填图工作。常印佛很乐意赴野外工作，一口答应。随后他们到贵池、殷家汇、刘街等地做普查，填制了3幅图。

年轻人大多喜欢去野外，但野地工作的辛苦却是实打实的。比如他们去贵池普查是12月份，天气寒冷，早晨出去，衣服穿太少会冻着，穿多了赶路流汗，风一吹更冷。出发时，他们用饭盒装好馒头和菜当午饭，馒头每天4个，很小，每个约1两。有时会到当地老乡家里，烧一些热水喝。食物不多，他们翻山越岭、路途迢迢，时常感到饥肠辘辘、体力不支。有经验的陈庆宣教常印佛：中午先吃两个馒头，等跑完大半路线快返回时，再吃剩下的两个，补充体力，支撑剩下的路程。一天下来，他们通常要走四五十里山路。另外，野外调查还会面临一些危险，深沟陡崖暂且不说，当时山区人口少，野生动物多，豹子、长蛇出没，也给地质人员的安全带来威胁，所以常印佛他们还要学习基本的野外生存技能，背包里总带着蛇药、止血膏和纱布等。

常印佛在大别山野外考察

到1954年上半年，321地质队共填图11幅，涵盖近5000平方公里区域，发现一批矿产地，为此后找矿开拓了前景。

在此期间，常印佛还参与了铜官山铜矿调查报告的编写。报告于1954年初编写完毕并上交，至此铜官山勘探任务告一段落。编写完报告，常印佛继续从事普查工作。1954年夏，他从江北普查回来，又被派到庐江评价一处铜矿产地，一直工作到年底。铜官山勘探工作于1954年上半年完成收尾工程，7月由郭宗山、朱康年等编制了补充报告。1954年10月，国家矿产储量委员会决议，要把两份报告合并成一份完整报告，处理一些遗留问题，以便于工业设计使用。队上把这个任务交给了常印佛。

1955年春节刚过，常印佛踏着大雪来到铜官山，着手整编报告。完整的《安徽铜陵铜官山铜矿地质勘探报告》于1955年5月底编成，6月上交。这份报告和之前的中间报告是安徽省第一份可供开采设计作为依据的详勘成果，经矿山开采证实，报告中所圈定的矿体形态、产状及矿石质量等，均与实际情况基本相符，受到矿山开采部门的好评，为我国铜矿事业发展提供了可靠的地质资料。

提交报告后，常印佛调离321地质队到南京，在地质部华东地质局工作。

1956年，随着铜官山铜矿开发的深入，铜官山市成立，属省直辖，1958年改名为铜陵市。随着狮子山、凤凰山等陆续开发，1964年铜陵曾改为政企合一的铜陵特区，1971年恢复为铜陵市。

“我在铜陵的收获是，摸到了实践门道，积累了地质经验，磨砺了坚韧品格。”常印佛说。找矿探脉，不远万里，常印佛的科研报国之路，由此驶入主车道。

浪高岸阔，长风振翼

1955年5月，在南京市珠江路700号原中央地质调查所旧址上，华东地质局成立，负责江苏、安徽、山东、浙江、福建五省地质矿产调查工作。华东地质局初建时，基础薄弱，急需四处调集新生力量。常印佛在完成铜官山勘探报告的整编后，调到华东局地矿处，负责有色金属管理。当时华东局从事地矿管理的共4人，另外3人分管煤矿、铁矿和非金属。在华东局工作期间，正值该局发展期，局属地质队由十几个变为几十个，工作繁忙，大家经常加班到深夜。常印佛记得，当时京剧大师梅兰芳曾到南京演出3场，他仅有一次有机会抽出时间观看。

在有色金属办公室工作，虽说忙碌而充实，但常印佛赴野外一线跋涉找矿的渴望始终未灭，一直期盼能有机会再回山野。

机会很快到来。1955年底，中苏两国合作组建地质队到野外找矿，其中长江中下游地区一支队伍挂靠华东地质局，编号374，即中苏技术合作扬子江中下游铜矿普查队，简称扬子江队。考虑到常印佛曾数次提出要去野外工作，加之此前华东地质局曾多次派常印佛去地质部参与扬子江队筹备工作，组织上调常印佛去当队长李锡之的助手。听到这个消息，常印佛兴奋不已，于1956年6月离开南京，沿江而上，赶赴扬子江队队部驻地安庆。路过采石矶、铜官山时，看着轮船在江面破浪前行，怀着鱼归江海、鸟返山林的心情，常印佛写下一首七律《重返第一线》：

月光如泻笼江干，一曲离歌秣陵关。
星火危崖采石渡，紫烟青霭铜官山。
三载征程兴未尽，期年伏枥常思还。
此身许国无多求，乐在图书山水间。

扬子江队苏联专家根纳季·谢米洛维奇·耶果罗夫是一位有着丰富地质经验的工程师。在那时，能与苏联专家共事是值得羡慕的。一些老同志对常印佛说，到扬子江队跟苏联专家学习，相当于到苏联留学。在扬子江队工作期间，作为中方主要技术骨干，常印佛经常陪同耶果罗夫考察各处铜产地，交流很多，受益颇丰。从他那里，常印佛得到一个启示：勘查程序再严谨，也只是相对的，在某些情况下不能墨守成规。这个经历，也为常印佛之后的找矿提供了很好的借鉴。

不久，李锡之接手中方技术负责人工作。常印佛被派往青阳一分队，对青阳杨田东山铜矿做远景评价，并与谢显明等4人一起编写了评价报告，于1956年10月上交。同年12月，常印佛带领一个小分队到湖北房山宋洛河区和竹山花竹溪——擂鼓台铜矿点做野外勘查，次年1月完成野外工作，2、3月间完成该区铜矿点踏勘报告。常印佛湖北之行的收获是，开始思考一般成矿规律。

在扬子江队工作，得以跳出铜陵地区，到长江中下游更广泛区域开展地质工作，对常印佛而言，是十分难得的经历。他考察了大量矿产地，积累了丰富经验，对长江中下游成矿事实形成初步认识，对日后地质找矿和科研工作都有着重要意义。

在扬子江队工作期间，常印佛还完成了人生中最重要的事情之一：1957年夏，与相识三年的汪德镛结为连理，由此携手同行半个多世纪。两人相识于华东地质局，同在严坤元手下工作。汪德镛1955年毕业于南京大学地质系（系王德滋院士的学生），分配到华东地质局。1956年，两人一同调到扬子江地质队，她是常印佛指导的一个分队的技术负责人。汪德镛自小家境较好，生长在环境优越的江南，初到皖南山地，辛苦可想而知。因此，常印佛常在工作上给予指导，生活上给予关照，教她如何躲避毒蛇，如何应对野兽。“在九华山找矿时，有一天突然发现湖边凭空多出一棵树，仔细一看是一条大蛇在喝水，头足足有碗口粗。在山路上也遇到过豹子……”汪德镛回忆说。随着接触机会增多，两人产生了感情，自然而然地走到了一起。

经过几年苦心经营，中国的地质力量有了显著发展，耶果罗夫离开时，仅安徽在长江中下游地区就有321、322、324等地质队。1957年秋，321地质队技术负责人张启址调到福建地质局做副总工程师，上级决定由常印佛继任此职，常印佛当年12月上任，直到1965年初出国援越。这也是常印佛科研之路的重要时期，取得了一定成果，其中包括对狮子山和凤凰山两座矿床的勘探。

321地质队在完成铜官山铜矿勘探工作后几年，先后到庐江、枞阳等地找矿，未有重要发现。1957年2月，华东地质局指示321地质队到狮子山做详细普查，队伍于3月抵达，改名为狮子山地质队。

常印佛到狮子山后，继续组织勘查，经两年工作，证实东、西狮子山两处矿床均为有工业价值的铜矿床，并相继转入勘探。1960年春至1961年秋，找煤、铁任务较紧，勘探区内大批勘查力量集中在寻找煤、铁资源上，狮子山铜矿勘探陷入半停顿状态，直至1961年秋才逐渐恢复初勘。狮子山铜矿开采准备工作于1958年第一次上马，后又暂时停止。恢复勘探后，为提高效率，提升勘探工作质量，321地质队想利用停止作业的坑道进行地质素描、采样和编录。经与矿山方面协商后达成协议，对方同意提供方便，创造井下地质工作条件。队上组建一支精干的坑探地质组，进行系统编录和取样工作。1963年勘探工作全部结束，12月，常印佛主持编写《安徽铜陵狮子山铜矿床最终地质勘探报告》，这是他独立主持编写的第一部完整的勘探报告。其后，1964年7月，全国储委批准探明铜储量14.73万吨。矿山采掘业于1966年投产，是铜陵冶炼基地重点矿山之一。

在主持狮子山铜矿勘探的同时，常印佛还参加和领导了凤凰山铜矿的勘探。

在科研实践过程中，常印佛习惯于将新的发现写进勘探报告，却并未由此产生写成文章发表的想法。在他看来，地质工程师首要任务是找矿，以满足国家对矿产的需求为第一目标，即便是理论研究，也是为生产服务，因此他对写文章的热情不是很高。1963年，《中国地质》

杂志编辑方克定向常印佛约稿，他这才开始系统地对铜陵地区地质勘查成果进行总结，从理论高度阐述本区的地质成矿条件。1965年，常印佛与刘学圭、王乙长合作完成《某区内生矿化作用的几个问题》，发表在《中国地质》杂志第12期，这是常印佛公开发表的第一篇论文。文中"某区"即铜陵地区，如此操作是为了保密。文中的主要论点，对当时国内矿床地质勘查研究理论和实际而言，都有创新意义，并不断为此后的实践所证实。

地质人的业务工作，很多人大多并不了解。所幸的是，在地质人的艰苦努力下，长江中下游作为一片蕴藏巨量资源的区域已然呈现。

出国援外，异域建功

常印佛曾有10年援外经历，这也是他找矿探脉、行万里路的重要组成部分。

1965年1月，常印佛接到地质部借调援助越南的通知，春节后到地质部参加集中培训，培训期一个多月。常印佛的任务是"老本行"——负责勘查铜矿。当年4月，北京春暖花开时节，常印佛踏上开赴越南的火车。

列车向南疾驰，经过武汉长江大桥时，常印佛透过车窗向东望去，不由思绪万千。浩浩江水流经的铜陵，是他开始投身地质事业的地方，从初出茅庐的毕业生，到321地质队总工程师，他跋涉于皖南山水的件件往事历历在目。此时的凤凰山，应是牡丹、杜鹃如期怒放，地质队战友们正如火如荼地开展大会战。想到这些，常印佛感怀不已，挥笔写下《赴越南途中怀皖中同事》：

其一

今夕复何夕，烟花三月天。
风光无限好，心事万千旋。
莺迁栖新绿，燕归识旧椽。
大江如有意，随我归金川。

其二

凤丹胜芙蓉，杜鹃别样红。

群山多碧矿，众朋建新功。

由来鏖战地，常入征夫梦。

此去三千里，西南待好风。

诗中“凤丹”即中药凤丹皮，丹皮是牡丹干燥的根皮，以安徽铜陵凤凰山所产质量最佳，故称凤丹皮。

到越南后，他的具体任务是帮助查明老街地区的铜矿资源。老街位于越南西北部边境，横断山余脉东部，红河西岸，隔南溪河与中国云南省河口县相望。越南黄铁矿质量不佳，铜矿资源却较为优越，越方希望中国全力支持铜矿勘查。中国于1966年调集包括地质、水文、岩石、测量、物探、放射性物探、测井和钻探等各类人才在内的8位专家赴越南，常印佛担任援越老街铜矿专家组组长。

经对西北矿段勘探，勘探储量已达30余万吨，加上南东矿段远景储量可达50万吨，老街成为越南当时唯一的大型铜矿区。矿区外围沿走向40公里范围内发现同一类型矿点10余处，其中一些矿点相当富厚，预示着整个老街铜矿带的良好前景。

在国内野外工作虽说辛苦，但跟援越比起来，简直是小巫见大巫。越南工作地山丘起伏、灌木丛生，岩石和矿体裸露地表可见者极少，很不利于野外观察。常印佛他们为调查测试岩石、地层、矿体走向，填制地质图件，只有顺着河溪，追踪流水切割侵蚀显出的“露头”，即岩石、矿体露出地表部分。溪中蹚水，他们时不时遇到蚂蟥。生活上也很艰苦，气候炎热，蚊子很多，他们住的是竹篱茅舍，设备简陋。伙食多是玉米、竹笋，偶有荤菜。

比恶劣环境更让人担心的是战争阴影。当时美国正扩大越南战争规模，对越南北方连续实施飞机轰炸。美军有一种饱和式轰炸战术，即不管地面情况，在图上按网格布点，飞机飞到点位就投弹，对平民造成的伤害极大。常印佛他们跋涉在深山野林时还相对安全些，而驻地和邻近村庄随时可能成为轰炸目标。在此期间，常印佛经常要到河内向中国驻越大使馆和越南地质总局汇报工作进展。有一次他去河内，午夜时分乘坐轮渡渡江，突然美机临空，警报骤起，大家纷纷就近找掩体隐蔽。好在此次并未投弹，敌机可能只是路过。此后常印佛就改道先由老街入中国，借道云南文山州麻栗坡休息，夜间越境沿山间土公路去河内，这样相对安全一些。

在战争阴影和恶劣环境里，常印佛抓紧工作，经历了诸多艰辛，克服了许多困难，也收获颇丰。老街铜矿的矿床类型与中国完全不同，常印佛学习当地材料，熟悉情况，勘查工作中总有新问题、新发现，促使他不停探索未知。在此过程中他开阔了眼界，增长了知识，积累了经验，这对常印佛来说也充满着乐趣。

援越地质专家组于1968年6月编写好铜矿勘探报告，圆满完成援助任务。此时协议尚未到期，越南地质总局安排常印佛他们就近到谅山省一处疗养地休息一月余。出门数年，大家思念祖国，都很想家，于是提出回国探亲休假。越方同意了，他们得以提前回国。1969年5月，中越技术合作协议4年合同期满，常印佛接到正式通知，援外任务完成，原单位另行安排工作。

援越地质专家在老街地区的勘查工作，总结了当地铜矿成矿规

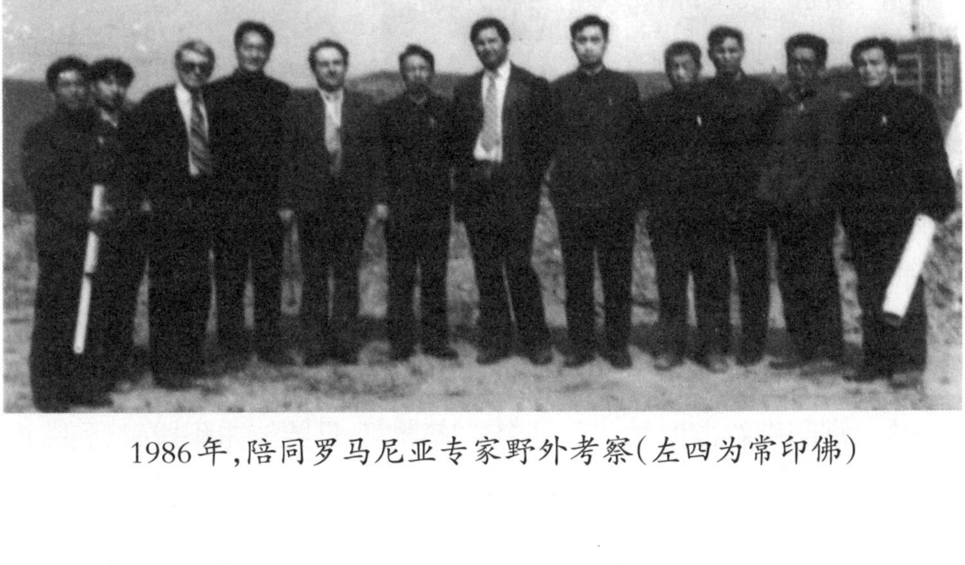

1986年，陪同罗马尼亚专家野外考察(左四为常印佛)

律，在扩大矿床规模和找矿远景方面取得显著进展，地质报告获得越方高度认可，为越南矿产开发和经济建设贡献了力量。作为援越地质专家组负责人，第二年，常印佛获得越南国会颁发的“二级劳动勋章”。

1970年4月，常印佛再次踏上征途，随援阿地质大队开赴阿尔巴尼亚。到阿尔巴尼亚之后，作为技术负责人，常印佛负责整个项目的地质技术管理和指导工作，另外还直接负责米尔迪塔铜-铬矿带中铜矿的区域成矿地质条件和分布规律的研究。根据协议，4年内对该区4个矿田级成矿单元开展研究工作，按由北而南顺序进行。经4年多努力，他们很好地完成援建任务，工作范式被阿方地质总局誉为“样板性工作”。1974年7月，最后一批援阿地质专家回国。第二年，常印佛获得阿尔巴尼亚政府授予的“一级劳动勋章”。

无意仕途，专心科研

从阿尔巴尼亚回到北京后的当月，常印佛接到通知，将被派往墨西哥和秘鲁考察地质。于是常印佛和即将同行的专家一起搜集相关材料，了解两国地质背景和矿产信息。当时条件下，搜集材料比较困难，以至延至10月初才启程。历时3个月，常印佛他们考察了两国斑岩铜矿地质条件及墨西哥盐丘型自然硫矿成矿条件，于1975年初返回。回国后他们进一步搜集材料，撰写考察报告。地质部专门组织了一次全国性汇报会，常印佛在会上介绍了考察见闻和国外先进技术与方法，供国内同行参考。

1976年9月，根据地质部安排，常印佛回安徽省地质局工作，到321地质队任副总工程师，反而比离队前降了一级。原来，由于常印佛离队时间较长，安徽省地质局主要负责人和人事工作人员有较大变更，他们误以为常印佛原本就是副总工程师，于是给常印佛“官复原职”。为此不少人为常印佛抱不平：十几年折腾下来，又是出国又是暂留地质部，没能留在北京不说，绕了一大圈回头，“常总”居然变成“常副总”。常印佛倒很坦然，“我是个矿床学家，只要能为国找矿，到哪里工作、在什么位置都无所谓。”

在321地质队工作约一年，1977年9月，常印佛被调到安徽省地质矿产勘查局工作。

1978年9月，二机部、冶金部、地质总局组织人员去澳大利亚考察，常印佛参加，考察之行于11月结束。澳大利亚是矿业大国，也是地质强国，有许多典型矿床，地质研究水平也很高。赴澳考察之旅让常印佛收获甚丰。期间，10月5日，常印佛被任命为安徽省地质局副总工程师。

同样是1978年，地质部成立规划院，开展全国性成矿区划工作，常印佛负责安徽省成矿区划。

科技界人士习惯将1978年称为“科学的春天”，常印佛深感认同。随之而来的，是常印佛的事业之春。1979年3月，他加入中国共产党，其后，光荣地出席了党的十三大、十四大、十五大。1979年9月，常印佛被国务院授予“全国劳动模范”称号，赴京出席表彰大会。

1980年2月，常印佛担任安徽省地质局副局长。亲友们戏称，终于当官了。

无意于仕途，是常印佛的一贯个性，这与清高无关，与他的事业观有关。1982—1987年，5年间常印佛有过两次辞官经历。

1982年，国家实行政府机构改革，提出干部“四化”要求，其中就有年轻化和知识化，安徽省地质局也不例外，地质部派出以政治部主任田哨为组长的工作组来主持。当时就局长人选做了一次民意测验，常印佛得票最多。田哨找常印佛谈话，要常印佛担任局长。常印佛当即表态，认为自己不适合当行政领导，愿意出任总工程师。最终，常印佛被任命为安徽省地质局总工程师，不再担任副局长。

1987年秋，常印佛接到调令，去地矿部担任地矿司司长。当时地矿部多数人热情鼓励常印佛赴任。一般人看来，北京条件比合肥好得多，在京担任司长又容易升官，而且地矿司司长负责全国范围内地质找矿工作，可以统领地质队伍“千军万马”。但常印佛保持冷静，认为他当时已56岁，要当好司长，须了解全国各处地质工作情况，等熟悉了情况，也差不多该退休了；而留在安徽，则能继续发挥作用。在他的坚持下，地矿部取消了调动。

不当领导，常印佛得以把更多精力投入科研工作。

早在1980年11月，地质部即下达长江中下游成矿区成矿远景区划任务。为完成该项目，专门成立领导小组和综合组。综合组设于牵头局——安徽省地质局。项目于1981年4月启动，常印佛担任项目总负责人。由于基础工作量太大，进度较慢，大半年时间才完成1张1:50万地质图。1982年在天津召开全国成矿区划工作会议，检阅各项目组进展情况。在汇报中，部分项目如江西省地质局牵头的江南成矿带，工作进展很好，已基本勾画出最终成果的轮廓。而长江中下游项目组才完成全区1:50万基础图件编制，其他工作尚在进行中。地质部规划院认为常印佛他们的项目有发展前途，一些领导口头表示可延期至1984年底。

1984年末，作为该项目成果的《长江中下游铜铁硫金（多金属）成矿带成矿远景区划》初稿完成，并通过验收。这一年，对常印佛一生影响最大的人——他的母亲去世，享年83岁。

慢工出细活，在坚持质量第一的前提下，该项目于1988年获地质部“科技成果奖一等奖”，常印佛为第一获奖人。

以此为基础，1991年，常印佛第一本真正意义上的学术专著《长江中下游铜铁成矿带》由地质出版社出版。

1991年11月，经地学部讨论投票，常印佛顺利当选中国科学院学部委员(院士)。这一年，常印佛60岁，他没有留学经历，不是硕士，更不是博士，公开发表的论文不超过10篇，学术专著也仅有1部。

3年后，常印佛成为首批中国工程院院士。

老骥伏枥，为霞满天

2000年，安徽省国土资源厅成立，常印佛不再承担行政任务，遂受邀在中国科学技术大学、中国地质大学、合肥工业大学等校兼职，参与

在六安野外考察指导工作(中间坐的老者为常印佛)

高等人才的培养。

2002年，常印佛担任中国科学技术大学地球与空间科学学院院长。后因身体原因，于2004年辞去院长职务，但仍与科大保持联系，参与指导博士生。

此外，常印佛还曾担任南京大学内生金属矿床成矿机制研究国家重点实验室学术委员会主任。

这些经历，让常印佛对高校教育现状有了具体了解和更多思考。对比自己在清华学习的经历，常印佛认为当前地质人才培养存在一些问题：

一是过分强调学院教育，过分强调文章数量。学生喜欢在实验室做研究，而地质科学的真正战场是在野外，观察自然现象、提出问题、探索创新的综合功夫只有在野外才能得到最好的训练。地质学是一门实践性很强的科学，大自然是最好的实验室。为此常印佛希望地质专业的同学，毕业后先到野外地质一线工作5—10年，再考虑从事地质研究或教学。

二是研究生批量生产。有好多教授和院士，博士研究生一带就是

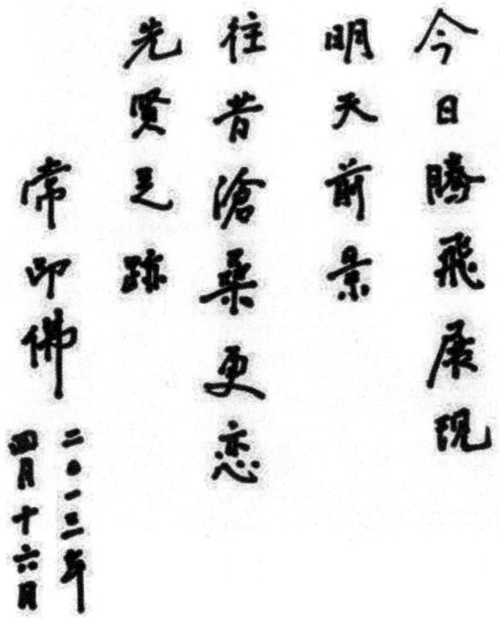

常印佛为家乡题词

一二十个。常印佛问他们怎么带，他们说有个大项目，分派学生去做。说实话，这样的学生培养出来，很难产生真知灼见，毕业后到外面去工作，也只能用那一套，解决问题的能力、创新能力都令人担忧。

三是教学与科研中的浮躁现象让人忧心。常印佛他们年轻时，大家都以献身地质为荣，愿意到最艰苦的地方去找矿立功，不计个人得失。而今天，人们普遍面临更大压力，也有更多诱惑和多元选择，加之国家利益至上的价值观受到冲击，社会上弥漫着浮躁甚至投机的空气，地质工作也难以幸免。常印佛认为，浮躁是我国科学发展的大敌。

指导学生让常印佛心态年轻，思考问题让常印佛头脑清醒。“却顾所来径，苍苍横翠微。”人到晚年，回首找矿与科研之路，常印佛感到既得益于厚土，也得益于高山。

耄耋之年某次庆寿仪式上，常印佛朗读了一份答谢词，其中有他最初的心声，也是如今的心声：

回顾我的人生历程，现在觉得给我影响最深的还是小的时候——从童年到少年的时候。我的童年和少年正值抗日战争时期，在日寇统治下的沦陷区度过了自己的童年和少年，因此饱尝了亡国奴的屈辱生活。这是我一生的动力，我们要改变国家贫弱的局面，要改变屈辱的处境，要扬眉吐气于世界之林。

另外一点，小的时候，因为在日寇的统治下，在政治上，群魔乱舞，暗无天日;在经济上,百业凋零,民不聊生;在文化上是一片沙漠。在那种环境之下,我只有在家里读藏书,从那里吸取营养,其中关于科学家的故事令我感佩至深。

这是我一生中的两个驱动。用现在的话说,一个是对社会、国家、民族的责任感,一个是探索科学的好奇心和兴趣。责任和兴趣是促使我前进的动力……

(周新天 搜集整理)

相关资料索引

[1]《安徽地质科技发展史》,内部资料,安徽省地质调查院编印

[2]《乐在图书山水间——常印佛传》,王申、吕凌峰著,上海交通大学出版社、中国科学技术出版社联合出版,2015年

[3]《长江中下游铜铁成矿带》,常印佛等著,地质出版社,1991年

王德滋

王德滋，江苏泰兴人，著名岩石学家，地质教育家，中国科学院院士，南京大学地球科学与工程学院教授、博士生导师。1927年6月27日出生于江苏泰兴，1946年考入中央大学（南京大学前身）地质系，1949年1月加入中国共产党，1950年大学毕业后留校任教，1978年由讲师破格晋升为教授。曾任南京大学副校长、地学院院长，中国地质学会副理事长，《岩石学报》副主编，《南京大学学报（自然科学版）》主编，《高校地质学报》主编等。

长期从事花岗岩与火山岩研究，提出了次火山花岗岩的新理念，在次火山花岗岩、S型火山岩、A型花岗岩、花岗质火山–侵入杂岩等方面取得了多项创新成果。先后发表论文200余篇，出版专著、教材、译著14部，荣获国家自然科学二等奖、国家教委科学技术进步一等奖、教育部自然科学一等奖等多项表彰。1997年当选中国科学院院士。

山石磊落自成岩

——记著名岩石学家王德滋

一个人做人做事要光明磊落，要像岩石一样屹立和坚强。

——王德滋

钟灵毓秀，江水东流。在江苏南京，一位已97岁的老院士像他研究了70多年的岩石一样，历久弥坚，深深牵挂着扬子江对岸的苏中家乡——泰兴。

他，就是泰兴籍中国科学院院士，我国著名岩石学家、地质教育家王德滋。

1997年，王德滋当选中国科学院院士时，他的学生张以诚颇有才华，写了四首"十六字令"以表祝贺："地，大地求索五十年。风共雨，谁知辛与甘？山，平生立志万山间。魂梦牵，神州山外山。岩，山石磊落自成岩。苦钻研，快马更加鞭。人，青山踏遍志未残。热血沸，为霞尚满天。"

这四首"十六字令"，充分反映了王德滋对地质科学的无比热爱，也是他人生奋斗历程如岩石般的写照！

奋发向上的少年

1927年6月27日（农历五月二十八），王德滋出生于泰兴城的一个知识分子家庭。祖父王云龙饱读经书，做过泰兴县司库。父亲王心楼是一位教育工作者，毕业于张謇创办并担任校长的通州师范学校。王德滋的童年很不幸，7岁母亲去世，9岁父亲又去世，家道中落，他主要靠两个姐姐抚养长大。两个姐姐出嫁后，其大哥挑起照顾王德滋和妹妹的重担，后不幸染上肺结核，终身未娶。

只有在人生道路上与苦难争锋，才知苦难也是一种财富。1933年，王德滋进入家乡的襟江小学读书。该校历史悠久，前身是襟江书院，创办于咸丰十一年（1861年）。王德滋4岁起，父亲就教他认字，到上小学前，他已认得几百个字了。得益于父亲为他学前教育打下的基础，在襟江小学，他中间跳了一级，只读5年就毕业了。

“功课完毕，要回家去，先生朋友，大家暂分手。明朝会，好朋友；明朝会，好朋友。愿明朝，齐到无先后。”在襟江小学读书时，王德滋和同学们每天都要唱《放学歌》。这首歌对学生很有教育意义：首先，要求学生必须在学校做完功课，不许带回家中；其次，提醒学生，第二天

襟江书院（襟江小学前身）

早上必须准时到校，不得迟到；再次，培养学生从小热爱集体和团结友爱的精神。

王德滋在襟江小学读五年级时，有一天学校组织高年级学生游览长江。虽然泰兴离长江很近，最近的地方只有6公里，但大家此前从未见过长江，对长江感觉很神秘、很好奇。学校租了几条木船，在内河里行驶了一个多小时，终于到达港口。一出港口，眼前豁然开朗，长江就像一条巨型的白练，展现在大家面前。浩浩长江，滚滚东流，何其雄迈，何其壮阔！“那天，江风虽然透着凉意，但湛蓝的天空白云朵朵，江面上散布着一些挂着白色帆篷的船只，远远望去只见大江东去、帆影点点、与天相接，真的太壮观了！”后来，王德滋读了李白的诗句“孤帆远影碧空尽，惟见长江天际流”，就联想到自己第一次看到长江的情景。童年时期的这次长江之游，为他后来有兴趣攻读地质学播下了最初的种子。

1938年小学毕业后，王德滋先后就读于泰兴私立沪光中学分校、泰兴县立初级中学（江苏省泰兴中学前身）。期间，正值全面抗战爆发，日机经常到泰兴县城轰炸骚扰，学校一度迁至离县城10多公里的樊家堡农村的一座庙宇，而宿舍则安排在另一座相距1.5公里、更小的破庙里，条件极其艰苦，每天清晨学生都要整队跑步上学。上课、用餐、晚自修全部在校部，课桌就是餐桌。晚自修时，教室里没有电灯，全靠汽油灯照明。晚自修后一片漆黑，他们又跑步回宿舍。那一年，王德滋才12岁，乡村艰苦的学习生活养成了他吃苦耐劳的品格。

艰苦，深深地铭刻在王德滋的脑海中；生活，磨砺着他坚韧不拔的意志。1941年起，王德滋在泰兴延令中学读高中。该校每学期向学生收取一石米作为学费，但同时规定，“凡是品学兼优、学习成绩位居前三名的学生，免缴学费”。王德滋凭借勤奋、毅力和才华，学习成绩始终保持在前三名，从而获得了整个高中阶段免缴学费的奖励。“童年和少年时期经受的磨难，增强了我成年以后克服困难的勇气和韧性。”王德滋回忆道，他在中央大学读书的时候，享受助学金待遇，学费和伙食费都免除了，但是学习用品、生活用品怎么解决呢？当时，他兼了两个地方的家教，没花家里一分钱，完全靠勤工俭学、自力更生读完了大学。

三位前辈指引走上地质路

1945年8月，抗日战争胜利。1946年夏季，中央大学由重庆迁回南京并恢复招生。由于战争影响，江浙沪地区积压了大量学生未能及时升学，当时共有3万余人报考中央大学，但中央大学仅录取500人，平均60人当中才录取1人。面对如此高难度、强竞争的录取率，已在泰兴担任小学教师的王德滋毅然下定决心，报考中央大学理学院地质系（南京大学地质系前身）。

为什么要选择地质学作为第一志愿，并作为自己的毕生追求呢？回忆起当时的报考初衷，王德滋说之所以热爱地质科学，主要是受了著名地质学家丁文江、谢家荣和文学家朱东润的影响。丁文江，泰兴黄桥镇人，是我国地质学的奠基人之一。他在英国格拉斯哥大学获得动物学与地质学双学位，学成归国以后没有选择到大城市工作，而是到艰苦的云贵高原寻找铁矿、煤矿。他有一句人生格言："登山必达峰顶，移动必须步行"，他用实际行动践行了这句格言。1936年，他沿着粤汉铁路寻找煤矿，不幸因煤气中毒去世，年仅49岁。那时的王德滋才9岁，上高中时知道了丁文江的事迹，便萌生了学习地质的想法。

谢家荣也是我国第一代地质学家，撰写过一本名为《地质学》的书。王德滋偶然在邻居家读到这本书时，一下子就被书中那一幅幅美妙的地质现象图和祖国壮丽山河照片所吸引，这进一步坚定了他学习地质科学的决心。

朱东润是王德滋的四姑父，也是他的偶像。"当时，朱东润在中央大学中文系当教授，他经常给我写信，鼓励我报考该校，并介绍地质系教师阵容很强，为全国三强之一（北大、清华、中大）。"王德滋说，"我考取了中央大学以后，他非常高兴地说，'你真勤奋，你是中举啦！'"

正是这三位前辈指引王德滋走上了从事地质科学的道路。

积极投身爱国学生运动

“刚进大学时，我一心一意想读好书。‘五二〇’学生运动让我感受到：读书不忘救国，救国不误读书。”2021年，在南京大学“百年初心·党史微课”的课堂上，94岁高龄的王德滋娓娓道来，把同学们带进了火红的革命岁月。

1946年，19岁的王德滋离开家乡泰兴，进了中央大学地质系。在当时的特殊形势下，满腔热血、意气风发的王德滋做出人生道路上的又一次重大抉择，积极投身爱国学生运动，先后参加了著名的“五二〇”和“四一”爱国学生运动。

暴雨中，面对军警和宪兵的重重封锁，师生紧挽双臂、无畏向前……

1947年5月20日，针对蒋介石发动内战，搞得物价飞涨、民不聊生，还在上大一的王德滋跟随高年级学生参加了示威游行。他们在游行中高呼口号“反饥饿、反内战、反迫害”，高唱《团结就是力量》。国民党宪兵、警察用暴力镇压的方式阻止游行，用高压水龙头冲击游行队伍，手持铁棍猛打学生，当场就有100多人受伤、20多人被捕。面对反动势力的威胁，王德滋和同学们毫无惧色，与阻挡游行队伍的国民党骑兵对峙。随后，这场具有划时代意义的学生运动犹如燎原之火，从南京迅速席卷全国，得到了全国人民的声援与支持。为了纪念这场学生运动，这一天被定为南京大学校庆日。

“1948年下半年，国民党军队在战场上惨败，此时国民党反动政府教育部企图将中央大学迁到台湾去。迁校遭到教授们的一致反对，学生也在校园里游行，高呼口号，反对迁校。最终，反迁校斗争取得了最终的胜利。”经过“五二〇”学生运动的洗礼和反迁校斗争，王德滋提高了觉悟，他先是参加了“新青社”，这是中国共产党的外围组织。1949年1月，国民党军队更是一败涂地。当时，很多地下党同志暴露了身份，为安全起见，他们撤退到安全的地方。为了注入新鲜血液，中央大学中共总支委员会(地下党)决定从“新青社”选拔一些优秀的青年入党,王德滋在这个时候加入了中国共产党,他主要负责联系地质系师生,并参与《南京学联》的编辑工作。

1949年4月1日,为了戳穿国民党政府玩弄假和平、真备战的阴谋,南京市十所大专院校举行了“争生存、争和平”的请愿大游行,中央大学、金陵大学学生是游行队伍的主体,6000多人汇集走上街头。中午时分,国立剧专的同学在返校途中遭到了“军官收容总队”暴徒们的包围和殴打。中央大学同学立即前往救援,王德滋也参与其中,2000多人的队伍到达总统府门前的马路上等待请愿结果,却遭受暴徒们毒打,三位烈士牺牲。这就是南京在新中国成立前夕发生的“四一”学生运动,学生们用鲜血和坚定的决心彻底揭露了国民党玩弄假和平的真面目。4月23日,百万雄师横渡长江,南京解放。

1949年8月,中央大学更名为南京大学。1950年,王德滋大学毕业,鉴于学业成绩优异,留校任教。

教学与科研相辅相成

知行合一,为人师表;为国家苦行,为科学先行。从留校那天起,王德滋就定下了目标,一定要做一个又红又专、起到模范作用的大学教师。

1952年全国院系调整以后,南京大学和金陵大学的文理学院合并,成立了新的南京大学,校园也从四牌楼迁到鼓楼,也就是金陵大学的原校址。这时候因为国家急需大量地质人才,南京大学地质系便开设专科,设置矿产普查与勘探和水文地质与工程地质两个专科专业,一年招收400人。一时间,比原先多数十倍的学生需要开设岩石学课程,教学压力倍增。

1953年秋天,王德滋还是个初出茅庐的助教,系主任徐克勤便要他去给“矿产地质”专业二年级学生讲授岩石学这门课程。“这个专业当时有200个学生,分为甲班和乙班。甲班是教授讲课,乙班让一个助教上课，反差太大了，这让我感到有点惶恐。”“你在当学生的时候就学习很好，我相信你会把课讲好！”在徐克勤的鼓励下，他硬着头皮接受了任务，并暗暗下定决心：第一，要认真备课，给人一杯水，自己得准备一桶水；第二，要把讲稿背得很熟，脱稿讲课，不能照本宣科，要讲得非常自如；第三，要敢于面向同学，不能面朝黑板。于是，26岁的王德滋，白天讲课，晚上备课、认真写讲稿、关起门来试讲，一次不行就再来一次。

教好岩石学这门课，实验与讲课同样重要。然而，当时学习条件有限，偏光显微镜数量太少，上实验课时，5名学生合用一架显微镜，每人平均只能分到24分钟。于是，实验室晚上照常开放，每个灯火通明的夜晚，都能看到王德滋辅导学生做实验的身影。同学们被他的敬业精神所感动，专门写了一篇报道——《深受学生爱戴的王德滋助教》，刊登在《南京大学报》上。回忆起这件事，王德滋感到莫大的欣慰，“对一名老师的最大肯定，莫过于站稳了讲台。”1955年，王德滋由助教晋升为讲师。

“教学要与科研相辅相成，大学教师不能光讲课，还必须搞科研。而地质系的科研有一个很大的特点，就是必须到野外收集第一手资料。”1956年，党中央号召“向科学进军”，他积极响应。那时候，他的教学任务很重，同时还担任党政工作，他既是地质系党总支书记，又是副系主任，哪里有时间搞科研呢？但是他决心以“蚂蚁啃骨头”的精神，利用星期天和假期，到野外搞科研。

宁镇山脉是中国地质事业最早的发祥地之一，前辈们已进行了详细的研究工作，然而煌斑岩仍是个薄弱环节，同时又符合他的专业方向。这些煌斑岩主要分布于南京与镇江之间的高资、下蜀地区，于是每逢星期天和假期，王德滋就让妻子给他准备好水壶和干粮，搭乘最早的一班火车到达工作地点，独自翻山越岭开展调查，采集标本。到了傍晚，又背着几十斤重的岩石标本走到车站，乘最晚的一班火车回到南京。就这样，凭借十几个星期天、假日的野外调查，再加上室内的实验工作，他终于写出了论文《江苏高资下蜀附近煌斑岩之研究》。1957年，该论文发表在《南京大学学报(自然科学版)》上，成了他的“处女作”。此外，结合岩石学教学的需要，王德滋还随孙鼐教授开展了对济南辉长岩和碱性伟晶岩的研究，取得了很好的成果。由于研究工作先行一步，他在指导学生实习时做到了心中有数，在讲课时也能理论联系实际、融会贯通，起到了教学与科研相辅相成的效果。

教材是教学的重要组成部分，但是教材的编写需要倾注大量的心血和很高的业务水平。王德滋早年担任基础课教学时编写出版了两本基础课教材——《光性矿物学》和《晶体光学》。其中，《光性矿物学》教材系统介绍了200多种造岩矿物的光学特性，旨在培养学生利用偏光显微镜鉴定矿物的能力。该书于1965年初版，1974年再版，多次重印，达数万册，在国内影响较大。到20世纪80年代，该书早已脱销。2006年初，王德滋偶然发现这本出版已逾30年之久的《光性矿物学》教材仍被学校影印给学生使用，由于年代较久，影印本的字迹已很不清晰。这件事深深地触动了他，决定对《光性矿物学》进行再次修订。在他的博士生谢磊的协助下，经过一年多的努力终于完成了修订工作。新修订的《光性矿物学(第三版)》增加了不少新内容，仅矿物显微照片就增加了50余幅，使插图总数达到200余幅，增强了直观性。2008年，该书由科学出版社出版。师生同编一本教材，体现了教与学的传承，一时传为佳话。

三项首创性研究成果

20世纪60年代中期，南京大学的科学园地里盛开了“五朵金花”，“华南花岗岩研究”就是其中的一朵。王德滋的老师徐克勤教授是华南花岗岩研究的开拓者，而王德滋作为其主要传承者，并不是简单地继承，而是在传承中创新，在创新中发展。1978年3月全国科学大会召开，迎来了科学的春天。这一年王德滋由讲师破格晋升为教授，同时他也开始担任校领导职务，但仍“双肩挑不歇肩”，挤出时间搞科

王德滋(右)与周金城一起研究次火山花岗岩

研。1982年南京大学在国内率先举办由高校独自召开的国际学术会议——“花岗岩地质与成矿关系”国际学术讨论会。这标志着南京大学的花岗岩研究已居于国际先进水平,王德滋在这次具有里程碑意义的国际会议中担任组织委员会的秘书长。

“书本上的知识是前人从野外和室内总结得来的,我们既要从书本学知识,更要向大自然索取知识,从中发现问题,解决问题,原创性的研究最可贵。”王德滋说。他不断开拓进取,在野外观察和室内工作中寻找答案,获得三大原创性成果。

从20世纪50年代开始,王德滋数十年间不间断地开展花岗岩研究,他创新性地将花岗岩研究和火山岩研究有机地结合起来,首次提出了次火山岩的新理念。以往,研究花岗岩的学者很少注意花岗岩与火山岩的成因联系,而研究火山岩的学者也忽视与其伴生的花岗岩的关系。1980年,王德滋和教师陈克荣在浙江莫干山进行野外考察时,发现一种特殊的现象:莫干山山麓是大片的花岗岩,而山顶是流纹岩

（一种与花岗岩的化学成分相当的火山岩），他们手拿地质锤从下往上观察逐个露头（地质学名词，岩石出露地表处叫"露头"），想找到花岗岩与流纹岩的接触界限，结果发现二者之间呈逐渐过渡关系，没有明确界限。同年，他们在浙江富春江畔的桐庐火山断陷盆地又发现类似现象，这引起了他们的重视。

王德滋让他的第一位研究生周金城对桐庐盆地从时间、空间、物质来源三方面进行细致的研究，证实了花岗岩和火山岩属于同一岩浆系统，花岗岩实质上是流纹岩所构成的中心式火山机构的"根"。在1989年《中国科学》刊物上，他们提出了"次火山花岗岩"的新理念，将花岗岩的研究推进到一个崭新的阶段。该研究成果1990年获得国家教委科学技术进步一等奖，2003年获得教育部自然科学一等奖。

王德滋的第二个创新性成果是在国内首次发现"S型火山岩"。1988年，王德滋和同事刘昌实等人组成一个研究小组，赴江西的相山、东乡一带进行野外考察。相山是我国最大的火山岩型铀矿所在地。

王德滋在江西相山考察S型火山岩

他们在流纹岩中发现了岩浆成因的石榴石和红柱石，证实它属于S型火山岩。接着，又在江西武夷山西坡，发现一种含有黄玉的花岗斑岩，并经研究证实其为S型次火山花岗斑岩；在广西钦州湾附近的台马一带，发现了另一种含堇青石、紫苏辉石组合的次火山岩。他们把S型火山岩划分为富水、富氟、贫水三种类型，并理清了S型火山岩与矿产的关系，对我国找矿起到了重要的指导作用。在多年系统研究的基础上，他们合作撰写了一本英文专著《中国东部中生代火山-侵入杂岩及其成矿关系》，由科学出版社作为固体地球科学丛书之一出版。1996年，王德滋将该项研究成果于在北京召开的第三十届国际地质大会上作了广泛交流，得到了与会专家的肯定。

王德滋搭建“岩浆”与“构造”之桥，把物质组成研究与宏观的大地构造研究有机地结合起来，对中国东部晚中生代“大火山岩省”的成因与成矿作用展开了深入研究，取得重大突破。在中国的东部，从大兴安岭一直到广东，有一条绵延几千公里的1亿年左右的火山岩带，分成三个“省”，其南面和北面皆为钙碱性火山岩省，中部是富钾的橄榄安粗岩省，形成一种“夹心式”构造格局。王德滋和任启江合作，一同指导研究生在山东、安徽、江苏三省考察火山岩、侵入岩与金矿的关系时，圈出了富钾的“橄榄安粗岩省”，并以板块理论为指导，对这种“夹心式”构造的形成提出了新观点，认为它们是华北板块和华南板块拼贴的证据，并分析了该构造与金矿的关系。该项成果经过同行专家评议，确认达到国际先进水平。

王德滋凭借这三项首创性成果，于1997年当选中国科学院院士。

立德树人　师德为先

王德滋与他的学生们一直感情深厚，这都源于他对学生无微不至的关心。中国科学技术大学刘德良教授就是其中一位，他们之间终生不渝的师生关系，已经近70年，堪称典范。刘德良1956年入学，1961年毕业，当时是五年学制，他读的是地质学专业大地构造专门班，当时王德滋给他们讲岩石学课程，并指导了他的本科毕业论文，论文选题是在山东与江苏两省交界的山地寻找国家紧缺的金刚石和金红石矿。王德滋对学生的独立工作能力要求严格，野外工作艰苦，需要在河流里淘沙，寻找线索。因为当时交通不便，王德滋从赣榆县城出发，步行几十公里去看望刘德良，在小油灯下听他汇报工作，此情此景刘德良至今难忘。刘德良毕业以后虽然工作变动多次，但一直保持与恩师王德滋的联系，电话、邮件来往不断，他甚至完好保留了与导师的数十封邮件。他在2017年主编的《师承》一书中，深情回忆了王德滋导师，全方位展现王德滋立德树人的人格魅力和诲人不倦的高尚品德。

王德滋认为，“与学生面对面的交流才是最有效的沟通方式，与学生的交流不仅是在课堂上，还需要关注课后，教师成为学生的人生导师也非常关键。”他关心每一位学生，是尊师爱生的典型。他坚持参加学校组织的大一新生入学教育，并用“坚、毅、诚、朴”四字寄语青年学生——“坚”和“毅”是年轻人必须具备的心理素质，“诚”和“朴”是年轻人应该具有的科学态度。后来由于疫情影响和年龄关系，他仍然以其他方式积极响应，通过线上交流和录制视频，优化与学生的交流方式，以达到最好的指导学生的效果。

2021年，在南京大学地质学科创建百年之际，94岁高龄的王德滋院士作出了一个深思已久的决定，用100万元个人积蓄设立“滋兰奖学金”，不久后他的挚友、中国观赏石协会矿物晶体专业委员会主任彭兆远先生增资60万元，他的学生、南京大学吴劲薇教授在退休之际，也为该奖学金增资20万元。此后该奖学金拓展为“滋兰奖学奖教基金”，用于奖励品学兼优、热爱地质的优秀学生和德才兼备的青年教师。滋兰奖学奖教基金由于有“源头活水”而呈现稳定的增长，对于促进地球科学与工程学院青年才俊的成长起到了积极作用。

2021年，在中国共产党成立100周年之际，王德滋被南京大学党委授予“南京大学优秀共产党员”称号，这是对王德滋师德的肯定与鼓励。

心情愉悦家乡行

“尽管我19岁时就离开泰兴到南京读书，之后又一直在南京大学工作，但思乡之情从未减弱。”王德滋说，过了古稀之年，他的思乡之情与日俱增。改革开放以来，他先后6次回乡，目睹了泰兴日新月异的变化，让他更加热爱家乡、更加牵挂家乡的发展！

1985年，江苏省泰兴中学举办建校60周年庆祝活动，时任南京大学副校长的王德滋应邀回母校。这是他时隔28年回泰兴，坐在车内，他一面默念贺知章“少小离家老大回，乡音无改鬓毛衰”的诗句，一面观看车窗外家乡的变化。“过去泰兴农村很穷，农民住的多半是草屋，现在全住上瓦房了。”那次返回母校，王德滋受到了全校师生的热烈欢迎，他在大礼堂为泰兴中学高三学生作了一场报告，并见到了高中读书时的化学老师张蔚之先生和英语老师朱松生先生，师生相逢，分外

2007年，王德滋在丁文江先生故居

高兴。

2007年是丁文江先生120周年诞辰，泰兴市举行了隆重的纪念活动。对于这次应邀回乡，王德滋格外重视，参加了纪念丁文江的全部活动。在座谈会上，他将丁文江精神总结为四句话："热爱祖国，献身科学，重视教育，创业创新"，并建议将"丁文江故居"建设成为继承和弘扬丁文江精神的青少年科普教育基地。

2010年是王德滋返乡最频繁的一年，他先后3次回乡参加活动。5月的一天早晨，他突然接到市科协的一个"求援"电话：他们计划在宣堡小学举办少年科技节，其中一项活动是面向小学生作科普讲座，不料原先定好的主讲人因故不能参加，而讲座又不能取消，希望王德滋派一名研究生去救场。"临时'抓'一名研究生，在毫无准备的情况下，面向小学生作科普讲座，效果未必好，怎么办呢？"他决定亲自出马。那天清晨，王德滋在研究生许伟伟的陪同下，从南京乘小汽车出发，经过两个多小时车程到达宣堡镇。他见距离下午少年科技节活动时间还有空档，便顾不上休息，去樊家堡"重访"自己70多年前读书的地方。"校园居然还在，那

2010年，王德滋在家乡泰兴作"自然、资源与人"科普报告

条河仍川流不息地流淌着，河上通往宣堡的木桥已改建为水泥桥。”对于回乡的这一意外收获，他激动不已，并在校门前留影纪念。当天下午2时，宣堡小学科技活动节正式开始，王德滋参观了学校的科普展板，观摩了同学们的太阳能赛车比赛、鸡蛋上浮等科技活动，并高兴地勉励学校积极组织学生动手设计实验，从小与科学结缘，激发他们的自我创造能力。参观完毕，他结合发生不久的青海玉树地震，为高年级学生作了题为《板块、地震与火山》的科普讲座，讲述了岩石圈板块运动的规律和地震活动、火山喷发等地质现象的成因。语言简明易懂，描述生动形象，这场地质讲座让几百名小学生听得津津有味。

2010年秋，王德滋应泰兴市科协邀请再次回乡，在新建的市政府报告厅内，作了题为《自然、资源与人》的讲座。“这是我有生以来第一次真正意义上为家乡的父老乡亲作报告，心情特别激动。”报告会后，他向筹建中的“泰兴名人馆”捐赠了自己的院士证书、著作和获奖证书。这年11月，王德滋又应泰兴市襟江小学邀请，回乡参加该校建校150周年校庆，作为校友代表在庆祝大会上发了言。活动中他情不自禁地给小学生们再次唱起了《放学歌》，当场引起轰动。他动情地回忆起他上小学时唱歌的情景：当唱到“明朝会，好朋友”时，相对的两位同学要互相鞠躬……

2013年4月，泰兴市委、市政府发出邀请，王德滋、常印佛、叶培建三位院士应邀联袂回乡，他们参观了市“三馆”（即名人馆、博物馆和城市规划馆）、省泰兴中学、市襟江小学、国家古银杏公园和千年古刹庆云寺等文化单位，所到之处都受到热烈欢迎。

“泰兴地处长江之滨，具有区位优势，经济发展不可限量。”在随后市委、市政府召开的座谈会上，他建议家乡进一步开发文化旅游资源，“黄桥古镇、宣堡国家古银杏公园在国内均有一定知名度，要加强规划，完善配套措施，更上一层楼，使其成为国内外知名的旅游景区。”当他得知泰兴以襟江书院和仙鹤湾风光带为核心，加强修复保护，打造老城区文化片区后，他更为欣慰，“泰兴文化中有三大支柱或特色，即襟江书院、国家古银杏公园和黄桥古镇。要坚持一手抓经济、一手抓文化，保护好文脉，彰显出特色，叫得响名气。”

近年来，王德滋尽管因年事已高，不能再亲自回乡看看，但仍牵挂着家乡，关心家乡的发展，并尽力为家乡多做有意义的事。

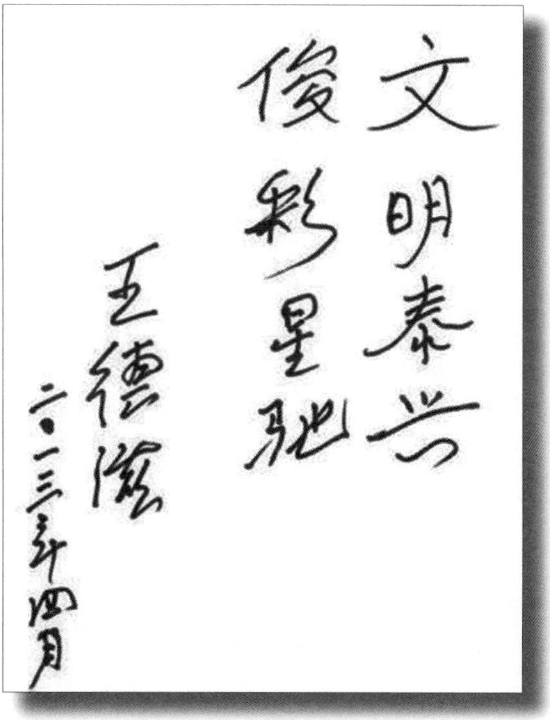

王德滋为家乡题词

2017年是丁文江先生130周年诞辰，王德滋院士和常印佛院士发出倡议书，向“丁文江纪念馆”捐赠矿物、岩石和古生物化石等地质标本，北京大学、南京大学、中国地质大学（武汉）、中国科学院北京古脊椎动物与古人类研究所、中国科学院南京地质古生物研究所、中国地质博物馆、南京地质博物馆等7家单位积极响应，共捐赠了400多块标本，充实了丁文江纪念馆中“地质陈列室”的馆藏内容。

2019年，王德滋的母校泰兴中学迁往新校址，著名雕塑艺术家丁沛为新校园制作了美轮美奂的青铜景观雕塑。该雕塑位于新校区南大门的中轴线上，犹如中国传统照壁一般坐北朝南，东西长26米，南北宽18米，画面以中国传统长卷的形式，以俯瞰和散点透视的表现手法，再现了襟江书院以及泰兴古城的历史名胜文化古迹，如嘉树园、孔庙、鲲化池、奎星阁、天开文运牌坊等。作为泰兴中学著名校友，王德滋院士受邀为该雕塑题词“书院文脉，百年传承”八个字，为雕塑画龙点睛。

这几年，每当回顾历史，王德滋心潮澎湃，心系家乡，一往情深。

他深情地祝福家乡："改革开放，经济腾飞；家乡面貌，日新月异；今日泰兴，莺歌燕舞；明日泰兴，更加辉煌！"

"山石磊落自成岩"，从诗句中能感受到王德滋的宽宏、坚毅和非凡，寓意着他一生做人做事光明磊落，又像岩石一样坚强。他坚定毅力，朝着人生的"顶峰"攀登、再攀登……

（谢 磊 常 斌 搜集整理）

相关资料索引

[1]《往事杂忆——王德滋自述》，王德滋著，南京大学出版社，2012年

[2]《中国科学报》之《山石磊落自成岩》，2016年7月

[3]《江苏院士文学故事丛书（第二辑）》之《磊落成岩——王德滋院士的故事》，赵菱著，江苏凤凰教育出版社，2023年

叶培建

叶培建，江苏泰兴人，中共党员，1968年毕业于浙江大学。中国空间技术研究院研究员，获“人民科学家”国家荣誉称号，中国科学院院士，获瑞士纳沙泰尔大学科学博士学位，香港理工大学和澳门科技大学荣誉博士学位。曾任我国第一代传输型侦察卫星系列总设计师兼总指挥，为我国第一代长寿命传输型对地观测卫星的研制作出了系统的、创造性的成就和贡献，并任太阳同步轨道平台首席专家；任“嫦娥一号”卫星总设计师兼总指挥，为首次绕月探测工程的成功作出了重大贡献；现任中国空间技术研究院嫦娥系列各型号及火星探测器总指挥、总设计师顾问，空间科学与深空探测首席科学家；中国科学院主导的国际合作“太阳风—磁层相互作用全景成像卫星工程”总设计师；清华大学、浙江大学等高校兼职教授，荣获国家科技进步特等奖、一等奖及部委级多项奖励，2019年被评为“最美奋斗者”，获全国“五一劳动奖章”以及2007年中国十大科技英才等荣誉称号。2014年作为团队带头人获得国家科技进步创新团队奖，曾任十一、十二届全国政协委员。第七届中国科学院主席团成员，第十三、十四届技术科学部常委、副主任。2017年1月，国际小行星中心命名编号456677的小行星为“叶培建星”。

探索星空的人民科学家

——记“嫦娥之父”叶培建

上联：新世纪探月探火捷报频传更要再创新辉煌
下联：二十年创业创新人才辈出仍需更上一层楼
横批：引领深空探测

——叶培建

从探测月球到逐梦火星，“人民科学家”、航天科技集团五院技术顾问叶培建院士，亲历并参与了多个航天重大工程的科研攻关，79岁的他已经为中国航天事业奉献50余年。

童年时光

叶培建于1945年1月29日（农历甲申年腊月十六）出生于江苏省泰兴县胡庄镇海潮村，过去它叫作宣堡区焦荡乡海潮村。7年后（1952年）叶培建就离开了家乡，虽然在泰兴生活的时间短暂，但叶培建始终怀着真挚而强烈的赤子乡情。祖辈的血脉在这里流淌生息，他的人生也从这里启航。在叶培建童年的记忆中，在先辈人的回溯中，那些亲切的、鲜活的一幕幕都是以家乡泰兴为背景的。

叶培建的祖父叶其光是地道的农民，也曾尝试过开染坊、榨油坊、酒坊。他读过一些书，抗战前还曾出任乡长，也算是当地的一位知名人士。叶培建的祖母姓徐，是附近徐家桥村人氏。她育有四男两女，是一位典型的农家妇女。

叶培建的父亲叶荣生是家中长子，靠着家中的几亩田产，祖父供叶培建父亲上完了高小，父亲考上了江苏省立黄渡乡村师范学校（今上海市安亭师范学校）。1937年全面抗战爆发，学校随即解散，父亲便返回了泰兴老家。父亲在这一时期接触了共产主义思想，投入救国救亡运动。参加革命后，父亲把自己的名字改为叶蓬勃。他在海潮村河南岸办起了一所抗日学校，培养出很多抗战英才。不久，父亲加入了中国共产党，并担任泰兴县地方民主政府的教育督学，配合正规军转战苏中做了很多工作。1946年随华中野战军北撤后，父亲从地方政府转入主力部队，担任指导员，先后参加了孟良崮战役、豫东战役、渡江战役、上海战役。1950年10月，父亲加入志愿军，成为第一批入朝作战的战士。叶培建的母亲周忠秀，原住在泰兴县毓秀乡李秀河村（现根思乡李秀河村）。母亲和父亲在抗战期间结为革命伴侣。叶培建刚出生不久，母亲就毅然将尚在襁褓中的叶培建送到海潮村祖父母家，自己跟着队伍转战南北，从此母子天各一方，直到渡江战役时，母亲的部队正巧驻扎在离家不远的地方，她才特意请假回来看叶培建。“我突然到家，母子间很陌生，让他叫妈妈他不叫，我吓唬他‘不叫就用皮带抽’，他还是不叫。”母亲的回忆很甜蜜。

1946年北撤时，父母本来把叶培建托付给祖父母，但大概一个多月后，叶培建就被外祖母接到了李秀河村，在这里生活了长达6年时间，一直到在村里的李秀河小学上完一年级。叶培建对泰兴故里的记忆更多是围绕着李秀河村展开的，他对这里的一树一木、一人一事都有着深刻而鲜活的记忆。李秀河村坐落在两泰官河和古马干河的交叉口上，一座大石桥飞跨两泰官河，河的东西两岸都有人家，外祖母家就住在河东岸，有三间瓦房，北面临街的那间租给了一位表舅经营杂货铺，另外的一面住着叶培建的姑奶奶，外祖父、外祖母带着叶培建住杂货铺旁边。外祖父周光林双目失明，在叶培建的童年记忆里，“外祖父的形象是模糊的，因为他很早就去世了，只记得天气晴好的时候，他总喜欢坐在家旁边的猪市晒太阳。外祖母李章英相当贤惠能干，家中里里外外全靠她一个人操持，我从小在她膝下生活，也一直仰仗她的照顾。”

1952年，父亲从朝鲜战场回国，不久，父母就把叶培建从农村接了出来。从此，叶培建告别了生他养他7年的泰兴老家，也告别了他的童年。“‘文革’期间，我曾回到老家泰兴参加劳动：种庄稼、挑粪、收萝卜等，还用很不标准的音调教人唱毛主席语录歌。这是我自7岁离开家乡后，第一次较长时间地在老家生活，前后有一个多月，感觉很亲切、很踏实。”叶培建说。

求学岁月

父亲回国后，随部队先后在浙江省宁波、奉化、萧山、湖州以及金华等地驻扎，叶培建也就随着父母的调动而辗转各地。“我作为长子，由于父母从朝鲜回国后我才得以和他们团聚，且因他们在部队，流动性大，我上部队的住宿制子弟学校，也是聚少离多，只有假期才能一家团聚，但他们对我成长的影响是巨大的。影响不是来自‘说教’，而是来自‘家传’，他们革命的历史和做人的准则本身对我就是鞭策，所以我心中、血液中有着深深的爱国情怀。”叶培建说。

1952年夏，父亲把叶培建送到了南京卫岗小学，那是南京军区的一所干部子女学校，叶培建在卫岗小学念完了小学二年级。

三年级的时候，父亲调往宁波，叶培建就读于杭州刚建的西湖小学。这也是一所部队干部子弟学校，孩子在学校寄宿，过的是集体生活，受的是严格的军事化管理，每逢寒暑假才能回家。这样一来既解决了孩子上学难的问题，也打消了父母的后顾之忧，让他们能够安心工作。部队干部子弟学校的学生都和叶培建一样来自军人家庭，父辈们正气凛然、严守纪律的性格深刻影响着叶培建他们，加之部队学校的环境简单，同学们大多思想单纯、性格直率且富有正气。从1953年起，叶培建一直在西湖小学读书、生活，直至1957年夏天小学毕业。

西湖小学地处玉皇山脚下的长桥旁边，离西湖不远。“学校条件很好，有礼堂、操场、教室、宿舍、食堂、花园等，甚至还有一个小动物园，每个班还配有管生活的阿姨。”叶培建说，大家过的是集体生活，同一时间洗澡、同一时间换衣服、着统一校服，为防止衣服弄错，还都绣了名字，那几年大概是他一生中最无忧无虑的日子了。学校教学非常正规，除上课的教室外，音乐课有钢琴室，美术课有绘画室。课外活动很丰富，有各种课外兴趣小组，他参加的是美术组，有一次画了一幅画，竟然得到市一级的奖。

1957年夏，叶培建小学毕业，考入了杭州四中。“吃饭的伙食费每月9元，吃得还不错。”叶培建说，印象最深的是这一年苏联发射了世界上第一颗人造地球卫星，大家兴奋得不得了，还有一首歌：“红色的卫星在天空飞行，鼓舞着全世界人民的心……”没想到自己现在也在研制卫星了。叶培建和同学们还下乡采茶，去稻田里捉田鼠、拾麦穗，上城隍山用脸盆抹上肥皂水网蚊子，大轰大嗡地赶麻雀、捡废钢铁……小学四年加上初中一年共五年的杭州生活，使叶培建享受到了人间天堂的幸福。

1958年夏，父亲所在部队已在湖州郊区建好正式营房，叶培建也随之转学到湖州一中，跳了一级直接上初三。一年后，他被保送至湖州中学，开始了高中生活，直至1962年毕业。

湖州中学当时是省重点中学，钱恂、钱玄同、沈尹默等名师曾在此执教，茅盾、钱壮飞等人都在此学习过。那时的教学活动很丰富，经常有观摩教学，叶培建作为班级学习委员，在外面有人来观摩时，常作为“范例”表演一番，还参加过学校组织的学习团，乘小火轮去菱湖中学学习过，这些对叶培建来说是不小的锻炼。

当时正值三年自然灾害时期，物资供应困难，叶培建他们还要参加不少劳动。学校在英士坟那儿种了一片油菜，为了施一次肥，学生们要从校内挑一担粪，走湖中大桥、五一大桥送至田地。他们还在郊区道场山开荒，种了不少红薯。大家早出晚归干活，中午由两个同学从食堂把饭用箩筐抬至山边，由于活重饭少，大家也就吃个半饱。除了“自给”的劳动生产外，叶培建他们还要下乡参加春耕、双抢和三秋，还去过湖长铁路妙西段修铁路。“仔细想来，三年中真正读书的时间也是很有限的。”叶培建说，当时不少人由于缺乏营养，得了浮肿病，好像得病后可得2斤黄豆粉作为补品。他因为丢了一次粮票，只能在一段时间内省着吃，顿顿稀粥，时常饥饿。有一次买到一把胡萝卜，洗洗干净，一口气就吃光了。

经过三年的学习，1962年夏，叶培建考上了浙江大学无线电系，他们那一届参加高考的共300多人，最终考取了70多人。

第一年的学习是紧张而充实的。那年国民经济刚刚有所好转，学生的生活比较艰苦，吃上一顿黄豆炖猪脚就是大餐了。叶培建曾一顿吃了28两(16两制)干饭，直到现在同学聚会，这仍是一个“笑料”。大学的学习更多的是培养自己的主动性和积极性，培养每个人的思维能力和良好的学习方法。叶培建当时对“空间”概念有点不适应，所以感到“画法几何”这门课有点弱，经过一段时间的学习和琢磨，他有了一种豁然开朗的感觉，也就不觉得难了。由于历史的原因，这届中大多数同学在中学学的是俄语，他们班只有叶培建等四个人学的是英语，所以进入大学后顺着原语种学习，这为叶培建后来出国学习打下了较好的英语基础。“学校很注重教学实习，我作为无线电系的学生，经历了车、铣、刨、磨、翻砂等各工种的学习与实践，记得自己车工干得还行，不过翻砂很糟糕，总翻不成型。”叶培建笑言。

二年级时，叶培建他们搬到了老和山下的浙大本部，住九舍。二年级的课程也十分紧张，大家学习了不少基础知识。三年级时，他们又搬到了三分部。从三年级到四年级第一学期上半段，整个教学秩序都是正常的。这一阶段的课程有无线电技术基础、电子线路、微波等。

1965年11月，全国各地的“四清”运动大范围开展，叶培建来到浙江省海宁县斜桥公社参加"四清"，一直到1966年上半年，"文化大革命"爆发，他们于6月份回到学校参加"文化大革命"。1967年10月，学校复课，叶培建上了天线等课程，做了毕业设计。这段时间里，他认识了化工系女生范雨珍，后来结为伴侣。

留学生活

1977年9月，教育部召开全国高等学校招生工作会议，决定恢复废止了十年之久的高等院校招生考试。工作近十年才盼来这样千载难逢的好机遇，叶培建没有片刻犹豫，当即决定报考研究生。1978年，他先后考上了中国计量科学研究院钱仲泰老师和控制工程研究所鲍百荣老师的研究生，均因故放弃了。紧接着，叶培建顺利通过了出国留学考试，上报教育部申请留法。1979年2月，叶培建进入广州外国语大学法语系学习。8月，叶培建回京办理了相关手续并领取了出国费用，却迟迟未接到正式出国通知。后来才得知，他申请去的图卢兹是法国航空航天工业的心脏，得知他们这批人来自中国航天部门，所以不愿意接收他们。随后，叶培建成功申请了瑞士纳沙泰尔大学下属的微技术研究所，师从白朗地尼（F·Pellandini）教授。

1980年7月，叶培建飞抵瑞士，在中国驻瑞士大使馆的安排下，来到弗里堡大学语言中心接受为期3个月的法语和德语强化训练。这三个月的生活中发生了一个小插曲：一次学校晚餐甜点供应冰激凌，一位外国学生吃着冰激凌得意地问叶培建："叶，你们中国也有冰激凌吗？"这样的话非常刺耳，一下子刺痛了叶培建的民族自尊心，他不甘示弱，立即用标准的法语回敬："两千多年前我们的祖先知道用冰保存食物的时候，你们的祖先还没穿衣服呢。"外国同学羞愧地低下了头。

1980年10月，叶培建正式来到纳沙泰尔大学微技术研究所学习。由于纳沙泰尔大学当时并不承认叶培建在浙江大学所取得的学士学位，叶培建用了整整9个月的时间，完成了信号与系统、电子电路、数字信号三门课的资格考试，拿到等同证书，才获得攻读博士学位候选人的资格。

当时国家只为叶培建提供了三年的奖学金，但短短三年时间的学习并不足以拿到瑞士科学博士学位。相比之下，当时法国的学制更为灵活变通：大学毕业可获硕士学位，继续深造即可获得法国的科学博士，最高学位则为国家博士，还为外国留学生设立了“大学博士”这一仅需两年就可拿下的学位。为解决现实问题，叶培建便决定用三年时间先完成一篇论文，并获得瑞士颁发的相当于法国科学博士等级的证书。当时叶培建的论文题目是《手写字符和数字的计算机自动识别》，他用了三年时间成稿，顺利获得了等同证书。

1983年7月至1985年7月，叶培建在微技术研究所担任助教，同时攻读瑞士的科学博士学位。为了不耽误学业，他只负责助教的一半工作，因此也只领取半份薪水。就这样在研究所一干又是两年，期间他又着手完成了一篇论文——《计算机实时手写中文自动识别》。论文主要是针对当时计算机输入中文比较烦琐的现状，力图推陈出新简化输入方法。这篇论文里还有些值得称道的，比如当时很多计算机识别都受限于笔画的输入顺序，而在叶培建开发的这套软件中，笔画顺序不受限，连笔和不连笔亦不受限。为此，叶培建还得到了国际上一些从事中文研究的学者的赞扬。在他的论文的评阅人当中，最重要的人物是美国普渡大学教授、国际模式识别和人工智能方面的顶尖专家傅京孙先生。叶培建的论文得到了他的较高评价，至今叶培建还悉心收藏着他写给自己的手札。另一位论文评阅人是国际中文信息处理知名专家、加拿大协和大学孙清夷教授，洛桑高工的肯特教授、叶培建的导师白朗地尼教授以及实验室主任於格里先生也参加了他的论文评审。叶培建的论文在1985年5月完成答辩，一个月后，他按照瑞士的规定进行了论文的公开陈述，随后，经校方批准，论文准予印刷出版。至此，叶培建终于获得了瑞士科学博士学位。

叶培建的博士论文曾两次在国际学术会议上得到介绍和发表。一次是1984年夏天在加拿大蒙特利尔举办的“第七届国际模式识别大会”，另一次是1985年7月在西班牙马略卡岛举行的“第一届国际模糊系统大会”。

在纳沙泰尔大学的学习是异常艰苦的，但男儿不苦不勤不能成业，叶培建盟心矢志朝夕自励，反倒觉得虽苦犹甘。“留学期间，中国驻瑞士大使馆还对我进行了采访，并在《人民日报》上发表文章，赞扬了我们几个中国留学生。翌日，中国落地海外的电台节目也播出了这篇报道。”

五年的留学生涯，叶培建和恩师白朗地尼及各位同窗结下了深厚的友谊。白朗地尼教授是典型的瑞士人，很少请别人去家里吃饭，但他却经常邀请叶培建和夫人，连瑞士同学都戏称叶培建为“susu”，就是很受宠的意思。1982年2月，因为恩师鼎力相助，叶培建的夫人范雨珍也来到瑞士，并在研究所学习进修，研究所为她提供了留学的全部费用。和叶培建一批先后取得博士学位的同学穆克德姆、法里纳毕业后就留在了研究所工作。在研究所里，於格里是叶培建他们几个人的“头儿”，后来成为模式识别方面的教授。他偕夫人到北京旅游时，叶培建去旅馆看望了他，至今他们还保持着联系。

叶培建和瑞士同行

留学期间，叶培建积极参与社会实践，一方面是为增长见识，了解西方社会，另一方面也为挣点儿钱。有几个月，叶培建每星期都有3个晚上在火车站的咖啡馆做兼职，负责在柜台里调制咖啡兼做冰激凌。每天工作6小时，每小时赚7法郎，外带解决一顿工作餐。挣到的钱虽然不多，但总算能把心仪的书籍收至囊中。“我还曾在报纸上刊登了教中文的广告，竟然有6位外国女士欣然前来。授课的报酬是每人每小时5法郎，每星期2课时，上课除了教一些简单的中文日常会话，我也常向她们宣讲中国的历史、地理和文化。”

读万卷书，行万里路。叶培建利用空闲时间，早出晚归，一天在外全靠背囊中的香肠、面包和水充饥，省下了不少昂贵的食宿费。但对中国人来说，最不方便的恐怕要数办签证了。每次出游，叶培建都要提前办好出国签证。手持一张能连用八天的火车票，他穷游瑞士；怀揣一张月票，他闯遍了西欧。其中到法国和意大利的两次文化之旅，令叶培建回味无穷。

“有人问我，留学欧洲最大的收获是什么？我认为是学到了西方科学工作者们严谨的态度。瑞士人惜时如金、讲信重诺、严谨不苟，就像他们生产的手表一样精密运转，分毫不差。套用在我所从事的工作中，就是精益求精、绝不含糊的治学品格。”叶培建觉得，在瑞士人、德国人的字典里，压根儿就不存在“差不多”这三个字。他们一丝不苟的治学风范至今仍对他有着很大的影响——行就是行，不行就是不行，差一点儿也不行。科学的道路上只有严谨才是真谛，不仅要精益求精，更要至善至美。

初出茅庐

1970年2月，结束了长达17个月的农场再教育，叶培建回到久别的单位正式开始工作，他被分配到计量站的电学组。一开始，叶培建和一位姓郭的师傅合作负责直流电桥的计量，而随着数字仪表技术的迅猛发展，叶培建开始筹建新的项目，开拓新的业务领域——直流和交流数字仪表的计量，成了国防系统数字仪表计量领域的先行者之一。1973—1975年，叶培建在院内外举办了多期数字仪表学习班。在实际研发方面，他曾帮助哈尔滨无线电七厂等单位研发了数字仪表，在国内产生了一定影响。工作上的实践引发了叶培建更多的思考，他在中国计量科学研究院出版的《计量工作》杂志上发表了自己最早的几篇论文，主要有《直流数字电压表的检定》《分压箱的检定》。

1970—1978年，叶培建一直在卫星制造厂从事计量工作。虽然当时我国正在研制卫星，叶培建又在卫星制造厂，但他的工作并不直接接触卫星，并未进过卫星的总装厂房，所以，叶培建始终没有见过真正完整的卫星。1970年4月，我国第一颗人造地球卫星"东方红一号"成功发射。"那时，我刚从农场回来不久，发射那天兴奋极了，我和同事们爬上2号厂房的房顶，看着'东方红一号'掠过的亮点，听着'东方红'乐曲，心潮澎湃，久久不能平静。"叶培建说。

叶培建的工作经历由于出国留学中断了几年，直到1985年8月，他完成在瑞士的学业后，便马上回到了北京。回国后，叶培建回到了原来读研究生的单位——控制工程研究所，在第四研究室专门从事飞行器敏感器的研究。国家特拨给叶培建10万元，作为归国留学生的启动资金。利用这笔经费，叶培建开始了与模式识别、人工智能等关系密切的陆标敏感器的研究。陆标敏感器的研究当时在国内尚属空白。在其他同志的帮助下，叶培建建立了一个五维的平台和一套微机图像处理系统，取得了初步成果。受室主任王素素的委托，叶培建还承担起为室里开发民用项目、拓展科研业务的重任。他还跑遍辽宁省各大城市，成功地促进了几个项目的形成，并解决了一些生产中的难题。其间，叶培建加入了中国共产党，并开始给控制工程研究所的研究生讲课，主要课程有信号与系统、模式识别与人工智能等，授课材料全部是叶培建自编的。

1987年春节前，叶培建升任第三研究室主任。上任后，针对实验室条件较差的现状，他立刻着手改造了实验室，调整了一些组的业务主方向。叶培建带着几个年轻人研发了中国第一代火车红外热轴探测系统。这一系统当时在国内属首创,1989年获得了部级科技进步一等奖,同时也带来了可喜的经济效益。这一项目启动以来一直是控制工程研究所的拳头产品,当年的第一代如今已经发展到了第四代,并且实现了智能化,产品被我国不少铁路局选用,并走出国门,用于印度尼西亚雅加达一万隆高速铁路。依托三室在计算机方面的优势,叶培建积极牵头,精心部署,为"风云二号"气象卫星的地面数据接收处理系统(CDAS站)制定了一个比较合理的方案。

1988年12月,叶培建调任空间技术研究院科学技术委员会常委,并担任院计算机工程副总师,负责协助张国富副院长工作。当时计算机应用并不普及,为了让计算机走出机房专人管理、摆设大于应用的境地,叶培建狠抓航天信息化工程"842工程",解决了数据统计、信息报表、资料查询等现实问题,突破了应用局限的瓶颈。"842工程"成功发挥出实际效用,计算机开始走向寻常百姓家。不久,航天五院又在全航天系统第一个与Internet连接,当时许多领导、专家都挂接在他们的站点上。

如何开展计算机辅助设计、辅助制造工作,这是叶培建与同事们积极探索的新课题。叶培建他们从单台工作站到局部网络,再到全院联网,从无到有、从小到大,逐步建立了全院的计算机辅助设计(CAD)、计算机辅助工艺设计(CAPP)、计算机辅助制造(CAM)系统,不断扩大其应用范围,并逐渐形成集同设计与快速制造系统。他们还开发了一批具有自主知识产权的软件与数据库,这一切为我国卫星和飞船的设计制造提供了良好的平台。

1991年,叶培建被任命为空间技术研究院院长助理,除继续主管计算机工程外,还协助韦德森副院长负责卫星应用方面的工作。从1992年下半年起,叶培建开始担任院计算机工程总师。"20世纪90年代正是卫星应用发展迅捷的年代,市场前景一片大好。我们开发了深圳证券交易卫星通信网项目,其中我作为技术负责人,领衔深圳股票

VSAT(甚小口径卫星终端)网的设计。仅用一年多时间,我们就成功组建了该网,后来它发展成了亚洲最大的VSAT网,从此通过电话与‘红马甲’打交道进行股票交易成为历史。”叶培建介绍,与深交所的成功合作实现了股票交易的卫星广播、双向数据传输,是我国卫星应用领域的一次开拓性进取,为此媒体称他为卫星应用领域“第一个吃螃蟹的人”。后来,他们又一鼓作气,为云南烟草、水利等部门、单位建立了类似的卫星通信网。“深圳股票交易所卫星通信网”还获得了部级科技进步一等奖。

三星同辉

自1988年底调至空间技术研究院后,叶培建的事业发展应该说是很顺利的,但他始终没能加入空间技术研究的主战场——飞行器的研制之中,只是做一些基础和服务性的工作,因此他内心深感遗憾。充分信任、支持叶培建的老院长闵桂荣院士,推荐叶培建出任“中国资源二号”卫星副总师,叶培建终于一遂夙愿,转战梦寐以求的飞行器主战场,参与卫星型号的研制。

“中国资源二号”卫星是我国第一代高分辨率传输型对地遥感卫星,主要用于国土普查、城市规划、作物估产、灾害监测和空间科学实验等领域。作为副总师,叶培建主要负责卫星有效载荷的工作。“中国资源二号”卫星的有效载荷主要包括CCD相机、高码速率数传、大容量高速存储器。叶培建大胆创新,提出了一些新的思路和改进实验条件的方案,从而保证了产品的质量和安全。研制工作很快取得了突破性进展,1995年,“中国资源二号”卫星成功实现了有效载荷的航空试飞。“所谓航空试飞,就是把设备装在飞机上,在一定高度、一定速度下模拟卫星飞行。面对几经改装的飞机,不少同志面露难色,顾虑重重。在这样的情况下,我就和相机主任设计师乌崇德第一批登上飞机,飞完了第一个架次,证明飞机是安全的。”叶培建满脸坚毅地说。

1996年,叶培建开始担任“中国资源二号”卫星总师,并兼任总指挥一职。他亲自参与解决了相机的噪声测量、高精度星敏感器、力学振动试验条件等方面的技术难题。他把电测与总体队伍分开,打造了一支专业测试队伍,要求在所有大型实验结束后,留出一段时间进行“卫星长期加电测试”的试验,即卫星进入发射场前要进行可靠性增长试验。“中国资源二号”卫星率先采用了公用平台思想的设计,这一平台已被打造为中国空间技术研究院今后太阳同步轨道卫星的基础平台。

2000年9月1日,“中国资源二号”01星在太原卫星发射中心首发成功,第三天即开始传输图像,发挥作用。该项目于2003年获得了国家科技进步一等奖。接着,叶培建他们于2002年10月27日和2004年11月6日,接连成功发射了“中国资源二号”02星、03星。这三颗卫星在轨运行期间,向地面传输了大量图像,图像清晰,层次丰富,信息量大,受到了用户的高度称赞,也为促进国民经济发展,推动我国空间遥感卫星平台及有效载荷技术的发展,提高我国参与国际空间市场竞争能力,立下了汗马功劳。

01星和02星的原设计寿命均为两年,但是直至2004年03星发射时,它们仍然在健康运行,在轨工作时间远远超过设计寿命。前两发卫星超期服役,无意间也促成了我国同一系列不同时期发射的三颗星同时运行,实现了三星同辉,人送美名“智多星”。

回顾这几颗“智多星”的研制和发射过程,并非一帆风顺,其中也发生了一些鲜为人知、惊心动魄的紧张事件。

2000年第一颗星发射前夕,叶培建带队护送卫星前往发射场,不料途中突发重大意外——他们的火车在行进中突遭另一列火车碰撞,恰好撞在了最重要的部位,装载着卫星的包装箱形成了一个凹洞。“在炎炎烈日下,我却冷汗直滴,卫星到底有没有损坏?责任重于泰山,我必须当机立断!”叶培建和同事们在餐车中经过精密演算、反复测量,认为碰撞力没有超过他们已有的试验测试范围,卫星是安全的。顶着巨大的压力,叶培建下令继续出发。一到发射场,技术人员立刻对卫星进行了检测，结果也证明了他们的计算是准确无误的，卫星的确安然无恙，叶培建悬着的心才落了地。

2000年9月1日，“中国资源二号”卫星的第一星顺利升空。发射以后，情况一切正常：卫星准确进入预定太阳同步轨道；卫星飞行姿态稳定；星上电源充足；推进系统工作正常；星内环境满足各系统使用和设计要求。

发射任务圆满完成，大家兴高采烈。叶培建也总算松了口气，随即从发射基地赶往机场，准备搭乘飞机转往指挥控制中心。正当叶培建乘着汽车在大山里行进时，在指控中心领队的谭维炽副总师突然打来了紧急电话：卫星进入第二圈突然失去姿态，具体原因不明！

叶培建顿觉五雷轰顶，仿佛整个人重重地摔进了冰窟。在几年后央视的一次采访中，主持人问起叶培建那一刻的心情，叶培建说：“当时我有个‘自私’的想法，就是希望车能从山上掉下去，把我摔死，要不然国家花这么多钱，干了10年才成的一颗星，在我手里出了问题，我无法交代！”可他也深知作为一位总师、总指挥的责任，危急关头更须处乱不惊。叶培建首先在车上与有关同志核对卫星能源可以支持多久，又马上通过谭维炽副总师安抚现场同志们的情绪，要求大家集中精力在最短时间内查出原因，在卫星再过境时断然处置。当叶培建到达指控中心时，问题已经查清了，原来是地面测控中心发出的一条指令不当。对症下药，叶培建编写了抢救程序。当卫星再一次经过中国上空的时候，他们立刻发出了正确的控制指令，卫星随即接收到了正确指令，迅速调整了姿态，一切恢复正常。

“中国资源二号”01星是叶培建挂帅研制的第一颗星，它半路受撞，第二圈又失去姿态，真可谓九死一生。尽管它历经坎坷，险象环生，也让叶培建数度魂惊魄散，但它最终化险为夷、修成“正果”。这颗星在太空里遨游了四年零三个月，实际寿命超过原先设计寿命一倍多，成为中国寿命最长的传输型对地遥感卫星。“火箭和卫星虽不是生物，但也是有灵性的，需要我们的呵护和关爱。”叶培建和同事们把心中的挚爱都奉献给了这些卫星。每次发射撤离靶场前，叶培建都会向火箭和卫星深深地鞠一躬，衷心地祝福它们一路平安……

2003年，因为在“中国资源二号”和其他方面的贡献，叶培建当选中国科学院院士，成为当时航天系统中最年轻的院士。在院士评议的过程中，孙家栋、闵桂荣、梁思礼三位院士欣然做叶培建的推荐人。他们三位皆是航天系统的元老。孙家栋院士当时是我国月球探测一期工程的工程总设计师，是叶培建的直接领导；闵桂荣院士任院长时，叶培建任院长助理，后来他在“中国资源二号”工程中担纲工程总设计师，闵院士领导与关心他长达十余年；大名鼎鼎的梁思礼院士是梁启超先生的幼子，是导弹控制专家，也是航天计算机方面的泰斗，时任航天部计算机工程应用方面的负责人，叶培建调至空间技术研究院担任计算机总师后，十年来亦属梁思礼院士统辖。与三位航天泰斗共事，叶培建深感荣幸！

嫦娥奔月

自1970年4月24日第一颗人造卫星“东方红一号”升空以来，到2001年，我国已成功发射了70多发（艘）应用卫星和飞船。然而深空探测领域却始终没有留下中国人的足迹，奔月还只是梦想。

2001年，孙家栋院士牵头展开了对月球探测的工程论证。探月工程是国家长远大计，空间技术研究院作为中国空间技术的主力军责无旁贷，鼎力加盟，迅速成立了项目办公室，叶培建出任项目办技术和行政负责人，随即展开了月球探测卫星方案可行性的论证。叶培建带领大家夜以继日，一路披荆斩棘，攻克了一个又一个难题，月球探测卫星的方案越做越深、越做越细，也越做越好。最终，他们的方案在国内好几家单位的方案中拔得头筹，中国月球探测一期工程确定以叶培建他们的月球探测卫星方案为主。

2004年2月，月球探测工程正式批准立项，我国月球探测工程全面启动。立项以后，我国第一颗月球探测卫星被命名为“嫦娥一号”，叶培建也被任命为“嫦娥一号”卫星的总设计师、总指挥。考虑到当时的国情和技术水平，中国月球探测工程将分为“绕”“落”“回”三步走。

第一期绕月工程就是研制和发射探月卫星“嫦娥一号”，对月球进行全球性、整体性与综合性的探测，并对月球表面的环境、地貌、地形、地质构造与物理场进行探测。从工程角度看，“嫦娥一号”要从地球奔向约38万千米外的月球，并绕月飞行一年，必然会遇到过去近地飞行器所未遇见的一系列技术难点，比如卫星的轨道设计问题，测控和数据传输问题，卫星的制导、导航与控制问题等等。

孟子曰：“大而化之之谓圣。”航天科技工作者却应当反其道而行之。千里之堤毁于蚁穴，只有一丝不苟，才不会让任何隐患漏网。从2004年立项以来，叶培建带领这个平均年龄不到30岁的队伍，仅用了短短三年时间，攻克了数不清的技术难关，于2007年1月顺利完成了一个新型号的全部研制工作，这是航天器研制工作中的一个奇迹。

党中央、国务院对叶培建他们这次出征表示了极大的关怀。2007年1月29日，国务院总理温家宝、副总理曾培炎亲临航天城对他们的工作进行指导检查。8月17日，叶培建带领82名试验队员飞赴西昌卫星发射中心。19日，“嫦娥一号”到达西昌。叶培建一行进入紧张有序的测试工作。9月25日，完成加注暨转场评审。10月8日完成了卫星的加注工作，做到了滴肼不漏。10月11日，顺利完成卫星由技术阵地到发射塔的转场。在工作最紧张的时刻，叶培建的腰病又犯了，剧烈的疼痛使他不能正常生活，但他还是坚持工作，每天不离阵地。一些曾经和叶培建一起参加过发射的同志开玩笑说：“以前在发射场只要叶总一腰疼，型号就一定能打成，看来‘嫦娥一号’也一定能打成！”

万事俱备，只欠东风，发射日终于来临了。10月24日18点05分，叶培建他们在连续进行了30多个小时的准备工作后，火箭准时发射，并实现了零窗口发射，且准确入轨。“在约一个小时后，得知卫星太阳帆板和定向天线都顺利展开，我的心才踏实了。此时，火箭试验队已经开始放鞭炮庆祝，但我们卫星试验队却不敢有丝毫的懈怠——‘嫦娥一号’卫星的奔月之旅才刚刚开始！”

10月25日，叶培建带领部分试验队员乘专机转场到北京，进驻北京指控中心，昼夜值班，完成了卫星调相轨道、奔月轨道和近月制动的控制。11月7日，卫星到达使命轨道，中国人终于有了自己的第一颗月球探测卫星！

11月20日，当卫星获取的第一幅月球表面图像传回来的时候，很多同志都流下了激动的泪水。11月26日，国务院总理温家宝再次来到航天城，主持首幅月球表面图像发布仪式。12月12日，党中央在人民大会堂召开大会，庆祝我国首次月球探测工作取得圆满成功，充分肯定了“嫦娥一号”成功的重大意义，尤其是对建设创新型国家的重大意义。叶培建在大会上作为科技工作者发言，他自豪地宣布，“嫦娥一号”与国外的月球探测器相比毫不逊色。“嫦娥一号”的成功发射，成就了中国航天史上的第三个里程碑，实现了千百年来中华民族奔月的梦想！“嫦娥一号”先后获得了国防科学技术进步特等奖和国家科学技术进步特等奖。“嫦娥一号”既取得了丰硕科学成果，又掌握了一大批自主知识产权，还逐渐培养出了自己的文化氛围——探索创新、勇于攻关、甘于奉献、团结协作，同时带出了一支年轻的、有战斗力的队伍，其中多人已成长为领军人物。在以后的岁月中，叶培建和他们一起相继完成了“嫦娥二号”绕月探测及其拓展任务，探测了小行星；“嫦娥三号”采用主动精确避障技术，软着陆于月球正面，“玉兔一号”月球车行走于月球，它们至今仍在工作；“嫦娥五号”试验器以接近第二宇宙速度高速月地返回，准确着陆于回收场中心；特别是“嫦娥四号”攻克了月背通信和复杂地形精确着陆的世界难题，在人类历史上首次软着陆于月球背面；“玉兔二号”巡视月球表面，至今已获取一批新的发现和成果，成为在月球上工作时间最长的人造物体。辉煌的五战五捷探月成果，充分体现了中国人的智慧、中国人的力量和中国人的贡献。

“如果我们没有创新，只能永远跟在别人身后，哪来的赶超！”叶培建说。“嫦娥一号”任务成功后，有人反对继续发射“嫦娥二号”。叶培建据理力争，他认为，探月工程并非到此为止，既然研制了这颗卫星，为什么不利用它走得更远？事实证明，“嫦娥二号”的发射使我国在探月成果上更进一步，它作为探月二期工程先导星，为后续落月任务奠定了基础，并且成功开展了多项拓展试验。叶培建还带领团队进行了大量技术改进和创新，为“嫦娥三号”落月选址做了重要准备，并使“嫦娥二号”首次从月球轨道飞抵日地拉格朗日L2点这一理想观测点。“‘嫦娥三号’首席科学家是我，就是为了解决‘嫦娥三号’安全登月的问题，因为牵涉到探测器，也牵涉到火箭等方面，需要协调整个航天系统的工作，所以领导让我担任‘嫦娥三号’的首席科学家——嫦娥系列也只有‘嫦娥三号’设了首席科学家。”叶培建说。

到了“嫦娥四号”任务时，争议再次出现。关于该落在何处，有两种声音。很多人主张仍然正面着陆，因为这样有把握、更安全。

关键时刻，还是叶培建的眼界和魄力起到了决定性作用。他力排众议，坚持让“嫦娥四号”在月球背面着陆。“当时会上都写纪要了，决

2007年12月12日，叶培建在庆祝我国首次月球探测工程圆满成功大会上讲话

定落到正面。我说了三条，第一条是我是个航天人，组织原则第一，只要领导定了，无论是正面还是背面，我都努力去做，这条没问题；第二条我说反对落正面，我们要创新，我们要到背面去，要干一点别人没干过的事；第三条，我对这支队伍了解，大家刚才讲了很多困难，包括技术方面的，我认为我们这支队伍，加上现在的基础能克服。领导说那我们今天就不作结论，以后再讨论。讨论完了大家统一思想要打到背面去，'嫦娥四号'到月球背面去。美国国家宇航局副局长说，从此我们不能再说中国人只能跟着我们干了。"在"嫦娥四号"进场动员大会上，叶培建现场题写一副对联以鼓士气。最终，"嫦娥四号"攻克了在月球背面的通信和安全着陆难题，创造了世界第一，实现了人类首次。

有人觉得他"犟"，也有人认为正是他这股子"犟"劲，才推动了我国航天事业的快速发展。叶培建说，"不害怕困难，要让困难怕你。认准的事情，就一定坚持下去。"

航天领域有一句话叫"100-1=0"，意思是说，一个东西做得再好，

2002年，叶培建在"中国资源二号"02星发射塔前

只要其中有一小部分甚至一丁点儿没有做好，就可能失败。叶培建要求每一个设计师做好每一件事情，都要如履薄冰、如临深渊，因为责任大于天！

"我们还要对火星之外的其他行星与小行星进行探测和采样，要探测木星、太阳系其他行星，在太阳系远处越走越远……"叶培建笑道，航天人一贯"吃着碗里，看着锅里，想着田里"。谈到接下来"嫦娥六号"要在月球背面采样、"嫦娥七号"将在月球极区高精度着陆和阴影坑飞跃探测、"嫦娥八号"将完成一系列关键技术攻关时，叶培建的双眼熠熠生辉。

家国情怀

"家国"是什么？还在杭州一所部队干部子弟学校读小学的叶培建就已经有了自己的理解。

叶培建童年时，父亲曾有很长一段时间不在他身边。当时，父亲被紧急调往一个冰天雪地的地方——长津湖。身上没有衣、肚里没有食，打完一场仗，父亲所在部队的一半战友或者牺牲或者被冻伤，但父亲从未害怕过，因为他有信仰、有志气。

几年以后，父亲带叶培建回到老家泰兴去看望一位战友，那时村里祠堂的一块墓碑上写着"杨根思"的名字。后来他知道，杨根思是抗美援朝的特级英雄。

所以，家国，是一群英雄就算是牺牲也要守护的信仰。

在子弟学校，叶培建和小伙伴们看革命电影、玩打仗游戏。在他的记忆里，这就是一群"党的孩子"。

多年后，有人问叶培建是如何面对人生种种选择的。他却说，对他而言，这是一个伪命题。

在考大学填志愿时，想起父辈们在缺乏空军支援的朝鲜战场上流血牺牲，叶培建立志献身于我国国防事业，且第一、第二志愿填的都是航空院校，结果却被浙江大学无线电系录取。

2018年5月，叶培建受聘南京航空航天大学航天学院院长

毕业时，他主动要求到大西北某基地，却被分配到卫星总装厂当了一名技术员。

1978年，他成为改革开放后第一批留学生，在瑞士求学5年，毕业后立即回到祖国。

20世纪90年代，他作为技术负责人参与深圳股票交易卫星VSAT网的设计，南方有单位想以40万元的年薪“挖”他。当时，叶培建一个月工资才2000元左右，但他丝毫不为所动。

“这些决定从来不需要选择。谈选择，是小看了我。”在叶培建心里，家国是唯一的坐标。他的家国情怀就是一种至高无上的大情怀，拳拳赤子心，殷殷桑梓情，有敬畏、懂感恩、甘奉献，是归属、是自豪、还是温度。

“2018年，南京航空航天大学领导专程来北京和我商量可否出任南航航天学院院长。南京、南航和我是有缘的，我7岁离开老家泰兴到南京上小学二年级，学校离南航很近，一个在中山门外，一个在中山门内。而航空又是我考大学的主要志愿，鉴于父亲这代人抗美援朝时吃尽了美国佬空中力量的苦头，我在浙江湖州高中毕业考大学填的第一志愿是北航、第二志愿就是南航，只是当年浙大留下了我，我失去了上北航、南航的机会，我90岁的母亲也生活在南京……于是，我答应兼任南航航天学院院长。”被聘为南京航空航天大学航天学院院长后，他亲自开设本科生课程航天工程技术和航天工程概论，深入课堂、实验室一线，给学生作报告、给青年教师上示范课；积极推进教学资源校企共享，从航天院所募集、共享近50套价值约数百万元的仪器投入一线教学。组织开展航天总师思政课程，给学生党员讲授“微”党课，并多次在开学典礼、毕业典礼中寄语南航学生，厚植爱国主义情怀。

“今天在年轻人心中播下航天的种子，也许明日就会多一位杰出的航天英才。”叶培建院士说。除了讲课，他有时还会去宿舍、食堂跟学生们聊聊天。“我们航天人也会面临收入、职称问题以及家庭、生活问题。”叶培建说，“但当自身利益和国家利益有所冲突时，航天人总能把国家利益放在前面。”

在众多的头衔与名誉中，叶培建始终将南京航空航天大学航天学院院长摆在前面。在航天学院，他提出的第一个观点就是振兴本科教育，第二个观点是教师要做好科研，在教学中不断注入、融合前沿知识，同时一以贯之以航天精神和航天工程方法抓管理——这个观点有针对性地解决了部分教师只遵照课本讲授知识、信息滞后的问题，让学生学习积极性大大提高。短短一年多的时间，学院教风、学风、教学相长之风不断改善，航天学院步入跨越式发展的“黄金时期”。师生由衷感叹：和院士一起工作、学习、交流、思考，带来的不仅是专业知识上的收获，更是精神价值上的塑造。

2019年10月，叶培建回到家乡泰兴，面对家乡媒体，他动情地说：“家乡，是一个不可变更的要素。只要你生在这儿，无论你以后成为一个什么样的人，无论走到世界上什么地方，这一点是不可变更的。我的父母是泰兴人，我在这里生活了七八年，而且上过小学，我的很多生活习惯和我的一些文化基因的积淀，都受这儿影响，它是要影响我一辈子的。”

“2021年中秋节前，根思乡举办了‘我们的节日·中秋’晚会，应市里和乡里的要求，‘杨根思连’和我都录制了视频祝福，在晚会上播放，效果很好。第二天我接到不少电话和短信，说我的祝福非常‘接地气’，既深情地介绍了自己对家乡的牵挂、儿时的中秋，也激励着今天的人们，继承英雄传统！”叶培建的“故乡情”令人感佩！

授人以渔，造福桑梓。早在2009年11月，叶培建院士在家乡泰兴企业——中兵航联建立了院士工作站。叶院士及其团队共11人，其中博士5人、硕士5人，主要专业为航空和航天科学工程、工程热物理、动力工程、机械工程及自动化等。

叶院士亲力亲为帮助策划院士工作站的筹建，每次到公司现场指导，都对设计、生产、装配各个环节，认真查看，详细询问。在京与前来拜访的公司副董事长叶学俊面谈时，他总是对企业发展提出一些具体的积极性建议。

特别是叶院士的三次题词勉励，为企业质量和创新文化注入了丰富内涵，有效激发了企业质量管理和创新创优热情。

2010年5月，叶院士专程来到企业，“质量”是自始至终挂在院士口中的一个关键词，他反复叮嘱公司要想产品上太空、登月球，质量是关键，并提笔写下了“航天产品，质量重于泰山，质量在你心中，质量在你手中”的寄语。

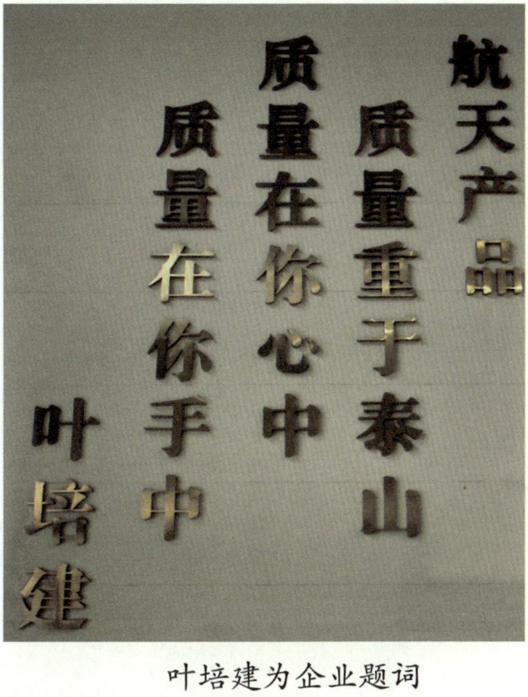

叶培建为企业题词

2013年4月，叶院士莅临公司考察科研生产现场和院士工作站，举办了科技

叶培建进厂指导

创新座谈会和航空航天产品质量报告会，并欣然题词："创新驱动、提升能力、争创品牌"，为院士工作站建设及企业发展指明了方向，提出了要求。

2019年10月，叶院士与南京航空航天大学航天学院有关领导考察中兵航联等企业，了解企业人才培养、产品研发等，并在院士工作站提笔写下"建站十年，成绩斐然；继续努力，再创辉煌"，寄语中兵航联院士工作站。

对叶院士的每次题词，公司都组织全体干部、员工认真学习，深刻领会，自我强化质量意识和创新意识，让创新和质量文化成为企业成长发展的"基因"。"抓质量就是讲政治"，已在全体航联人心中深深扎下了根。

尤其令中兵航联人感到敬佩的是，叶院士心系家乡企业，无私奉献，与公司合作建设的省级院士工作站，也是他在工作单位之外建立的唯一一个工作站。尽管为推动企业科技进步做了大量工作，但他却从未在公司领取一分钱报酬。

院士工作站为企业永续发展注入了生生不息的创新活力，项目实施期内申请专利累计23项，拥有自主知识产权的高新技术产品增加至10个，5个产品获江苏省高新技术产品。企业还参与了多项国、军标的制(修)定工作。

项目产品有力推动了我国电连接器产业转型升级，其中联合开发的光纤连接器、微动开关电缆、特种电连接器项目产品都属国内首创。

2022年，企业实现销售35008万元，利税10280万元，较2010年建站初期分别增长160%和171%。公司连年被中国电子科技集团有限公司、中国兵器工业集团有限公司、中国船舶工业集团有限公司等客户单位评定为优秀供应商。

叶培建院士工作站获评全国“讲理想、比贡献”院士专家工作站先进单位，在江苏省院士工作站运行绩效评价中，获得了优秀等次。

再立新功

广阔宇宙，无尽探索。经过约一个甲子的淬炼，中国航天已经取得了举世瞩目的成就，尤其是最近10年来，随着中国空间站、火星探测、月球采样返回和月球背面探测、全球导航等重大工程相继完成或即将完成，中国正迈向航天强国行列，未来还将取得更大的辉煌。

在一场火星探测动员会上，叶培建郑重说道：“本来我们去火星是为了完成一项科学任务，但我们也要憋着一口气，我们是为国家荣誉而战！”

落火成功之后，在电视直播画面中，叶培建红着眼睛鼓掌的镜头令人动容。他从事航天工作50多年，祖国和人民授予他巨大荣誉，给他以无穷动力。

2017年5月8日，在北京中国空间技术研究院，举行了“叶培建星”命名仪式。仪式上，宣布了国际小行星中心2017年1月的公告：“叶培建，1945年出生，中国科学院院士，空间飞行器和信息处理专家，鉴于他在中国遥感卫星、月球和深空探测及空间科学方面的开创性贡献，特将由中国紫金山天文台发现的456677号小行星命名为‘叶培建星’”。自此，“叶培建星”与以钱学森、杨振宁等科学家命名的小行星一样，将中国人的探索精神铭刻在广袤星空中……

为隆重庆祝中华人民共和国成立70周年，中央宣传部等部门授予张富清等278人“最美奋斗者”称号。叶培建院士与同样出生在泰兴的新中国第一位特等功臣、特级英雄杨根思，双获“最美奋斗者”称号，这是银杏之乡泰兴的骄傲，也是英雄家乡根思的骄傲！

叶培建获"最美奋斗者"称号

2019年9月25日，在人民大会堂小礼堂，叶培建作为当选者之一，参加了"最美奋斗者"表彰大会，在大会发言的最后，他发自肺腑地喊出了"祖国万岁！"。

4天后的9月29日上午，叶培建又无比自豪地来到人民大会堂，参加中华人民共和国国家勋章和国家荣誉称号颁授仪式——叶培建光荣地和吴文俊、南仁东、顾方舟、程开甲获"人民科学家"荣誉称号。10时整，颁授仪式开始。在雄壮激昂的《向祖国致敬》乐曲声中，国家主席习近平为国家勋章和国家荣誉称号获得者一一颁授勋章奖章。习近平主席给叶培建佩戴勋章后，握着叶培建的手亲切嘱咐他"要再立新功"。

"说实话，如何被选中作为这一荣誉的候选人我自己一点不知情，只是最后阶段，有关部门来我们航天科技集团公司找集团领导、院领导等考察、了解情况时，我才得知这一消息，感到十分突然和惊讶。直到听到最终的结果才相信这是真的，最直接的感受就是这个荣誉太大了！"叶培建说，那一刻，他顿感压力巨大，但也干劲倍增。习近平主席的这个嘱托，不仅是对他个人，更是对整个航天队伍和航天事业！

"根据习近平主席的指示、国家总体发展规划和实现航天强国的目标，我们从不敢松懈，总是一个任务未完成就早早策划下一个任务，有的任务是在策划几年后，甚至十几年后才得以立项。好在这些年我们自己干得也还好，国家和人民比较满意，支持的呼声和力度就大，所以有些工作就比较顺利。”叶培建表示，今后一段时间，要遵照习近平主席更高、更远的要求，在以下几个方面发力，不断前进，攀登新高峰：一是无人月球探测方面，已经开始研制“嫦娥六号”，它作为“嫦娥五号”的备份，具备采样返回的功能；也开始了“嫦娥七号”的研制，它的主要任务是去月球永久阴影坑寻找水的直接证据，以及确认月球上有无水，这对后续探索月球是否有人居住至关重要。二是载人登月，开始了中国载人登月的技术攻关，并提出了早日实现中国人上月球的技术路线。“我认为从‘安全、好、快、省’来看，利用不太重的运载工具分几次把载人飞船、月球登陆器等分别发射并运行到月球轨道，在此交会、对接，转移人员和设备，实现有人的月球探测是现实、可行的。”三是布局了火星采样返回、小行星探测和采样返回、木星系探测及太阳系边际探测任务。

许多人都记得，“嫦娥四号”成功落月的那一刻，该探测器项目执行总监张熇泪流满面，叶培建静静地握住她的手，以示鼓励。这或许已是他最激动的表达。

原来，“嫦娥四号”起飞后曾出现燃料泄漏问题。“‘嫦娥四号’打上

“嫦娥四号”发射时，叶培建在北京航天飞行控制中心

去那会儿把我们吓得够呛，我们突然发现发动机不对，不该开的两个阀门开了，燃料大量流出来。我们立刻关上阀门，但也就20秒，一二十公斤燃料没了。”少了那么多燃料，“嫦娥四号”还能不能飞到月球并且落下去？叶培建说，当时所有人心里都在打鼓。“后来我们采取了很多措施，经过千难万险，到最后落月的时候，还有一点燃料剩下，有惊无险。所以我在落地以后拍了拍张熇，她眼泪一下子就掉了下来。”

面对重重挑战，“嫦娥四号”交出了一份满意的答卷。经过近12分钟的精准控制，“嫦娥四号”准确地降落在了预选着陆区——冯·卡门撞击坑，并通过“鹊桥”中继星传回了世界第一张近距离拍摄的月背影像图，创造性地实现了人类探测器首次月背软着陆、首次月背与地球的中继通信，开启了人类月球探测新篇章。“在降落过程当中和降落以后，我们可以和中继星很好地联系，没有问题。而我们的降落虽然那么难，但是我们几乎打在了靶心，降得很好。”叶培建深感欣慰。

其实从“嫦娥二号”开始，叶培建不再担任总师，但每次发射他都会坐镇现场。“嫦娥四号”的“有惊无险”，正是叶培建坚持坐镇的原因。“我们这样的老同志经历得多了，经验也多一些，可以帮助解决一些问题。”而这也正是薪火相传的中国航天精神。每当有“嫦娥”任务，他会冲到第一线，在现场走来走去，跟这个聊聊、跟那个开开玩笑，让大家放松下来，让他们心里踏实。当年轻人拿不定主意时，他也会凭借自己的经验大胆判断，尽管这也可能将失败的责任揽到自己身上。因而，在发射现场总是气定神闲的叶培建，成了同事们眼中的“定海神针”。大家都说，只要有叶总在，哪怕他一句话不说，心里也踏实。

近年来，叶培建更多是站在幕后，默默地为年轻人撑腰，但他的心始终牵挂着我国深空探测。无论是“嫦娥五号”、火星探测任务，还是嫦娥六号、七号、八号任务，乃至未来计划实施的小行星、木星等深空探测任务，都让他十分牵挂。

“整个2020年，就是我们‘嫦娥五号’和我国第一个火星探测器‘天问一号’出厂评审，进发射场准备发射，发射和飞控的关键时刻。我们承受了巨大的工作和抗疫两不误的压力，克服了许多'额外'的负担和困难，硬是做到了按原计划办事，一步不差，件件落实。比如评审，不能在线下开，但有的会也不便线上开，项目办同志就把文件分头送至每个评委手中，而我本人参与的评审都还要和项目办负责人再电话沟通，交流和督促落实，确保方式变了，但时间节点和评审质量不变。队伍人员进京或赴其他地方参加联试，既要严格遵守防疫要求，不可马虎一点，又要确保完成任务，所付出的时间和资源都是成倍增长的，只能依靠'拼命'来弥补。'嫦娥五号'和'天问一号'都是在文昌发射场发射的，发射人员于4月和7月分别进场后，两支队伍一开始都是住在基地外的宾馆或中转站里，每天路上花费几个小时，十分疲惫。海南几个月高温闷热，这一切都被同志们忍受了，克服了，确保了'天问一号'2020年7月23日的发射以及'嫦娥五号'2020年11月24日的发射。"叶培建说，"'嫦娥五号'在文昌基地准备发射时，我去了一次，看到队伍的良好状态和产品的测试情况，对成功充满信心，并在基地内'嫦娥路'留影，在试验队工作室墙壁上悬挂的鲜红党旗下与总体部分队队长王大轶同志合影，以作纪念。'嫦娥人'走在'嫦娥路'，站在党旗下，准备'嫦娥五号'的发射，心情可想而知，在如此困难的条件下顺利完成任务，试验队员的工作是十分给力的。"

"'嫦娥五号'于2020年12月1日落月，说实在的，这两步因有嫦娥三号、四号的成功经验，我没有担心。真正让人担心的是后续的几个动作，作为飞控专家组组长的我带了一批老同志在现场支持，虽然对成功抱有信心，但心中还是紧张的。由于整个月面工作是在一个月球白天内完成(一个月球白天相当于地球14天)，所以许多工作都是在地球的晚上做的，我们几乎每晚都要坚守在工作现场，有几个晚上是通宵工作的。"叶培建说，"嫦娥五号"的主要任务是采样返回，12月2日采样封装就是一整晚的工作，从钻取到表取，尽管队伍已演练过千百遍，但当晚钻取的实况还是碰到了困难，在操作人员和两总的正确决策下，摆脱了困境，得以钻进约1.7米，取得了样品，最后返回地球后称重，钻取和表取共取样品1700余克，这在人类月球无人采样中第一次实现了同时用两种取样方法，取得的样品也是最多的。

“嫦娥五号”返回舱携样品于12月17日返回地球。“在飞控大厅，当我看到追踪直升机发回的返回舱降落伞已充气展开、徐徐下降的画面时，对在旁边紧张地注视着这一动作的原508所所长陈虎（降落伞由他们所研制）说，你的任务完成了。然后，我并没有等返回舱落地，就出大厅喝咖啡去了，此时，‘嫦娥五号’立项、研制、攻关、延迟、抗疫、发射等景象一一掠过脑海，但我的心情却十分轻松、喜悦。等到再进大厅时，我从视频上正好看到一只小动物跑过返回舱，事后得知那是一只狐狸，要是一只兔子就更有点意境了。事实上，整个‘嫦娥五号’任务，从发射到返回舱落地，运回航天城，无一问题，教科书式完美，令人惊叹！”叶培建说，“采样那天晚上，采样和封装专家组老同志以及相关设备研制单位领导同志都在现场，经历了紧张和成功喜悦，当钻取一开始遇到一些麻烦时，身为专家组成员，又是研制单位主要技术负责人的哈工大邓宗全院士就坐在我身边，还是紧张得全身出汗，成功后我们一起留影以记住采到样品的这个时刻。”

“火星探测是真正意义上的行星探测，工程取个什么字呢？我们借用伟大爱国诗人屈原的《天问》，把深空探测任务取名为‘天问’，第一次火星任务命名为‘天问一号’，在全国征名的基础上把第一辆火星车命名为火神‘祝融号’，稍懂中国历史和典故的人都会为这取名叫好。”叶培建说，“天问一号”发射头天晚上召开了战前动员会，他做了一个简短的动员，讲得自己满眼泪花，许多同志也被感动了，“春节前后的中美阿拉斯加会谈，我们怎么也想不到美国人拿火星探测说事，他们说，我们去过火星了，还带着其他国家，我们有能力当老大，说明我们制度好。这就是美国人，他们把我们逼上了一条道！我们的‘天问一号’能不能落火，能不能完成任务已经不仅是一件关乎科学的事，更是件政治大事，是关系到国家安全、国家地位的大事，我们这些人无意中被赋予了这样重的担子和责任，做好了，我们有功于国家，有功于人民，做不好，罪过大呀！”

2020年7月23日，“天问一号”发射成功，一路飞向火星。在经过7个月的漫长旅程后，于2021年2月10日成功实施近火制动，成为火星卫星，并于5月15日安全着陆火星，中国成为世界上第二个有飞行器安全着陆于火星表面的国家，且是第一次工程实践就获成功！

“我们成功了！事后，我们得知美国有议员就在国会上呼吁美国要如何如何，拿我们成功为他们向我国政府要疫情‘赔偿’做借口。这使我想起我国一位高级外交人员说过，‘你们探火成功了，我到美国去说话就更硬气！’”叶培建满是自豪。

“天问一号”发射成功后，总师孙泽洲给叶培建发信致谢：“叶总，感谢您的培养和教导！每每在我遇到困难时您都会为我撑起一片天空，感谢您为‘天问’指明道路，感谢您为‘天问’付出的心血！这是真心话，您是我们深空团队的领路人，‘天问’一路走来，也遇到很多挫折，您给予我们专业技术指导，也给予我们精神和士气上的鼓励，还帮助我们挡住和屏蔽了很多外界的干扰。正因如此，我们才可以安心、精心地构筑‘天问’的成功。”

致力再立新功，打造传承航天事业的特殊“航天器”。2018年4月，叶培建和创作团队奋战500天，编著了一套23册1537万字的《空间技术与科学研究丛书》，这套丛书，填补了国内空白，被很多高校当作教材使用，也为中国空间技术研究院建院五十周年献上了一份厚礼。2020年10月，全英文版的新书发布，成为中国航天知识成果一次走出去的“亮剑”工程，再次引起业内瞩目。国际上很快就有专家、学者申请想搭乘这套丛书的“便车”，出版自己的作品。这又让叶培建看到，中国航天在世界的地位和话语权与事实严重不符，太需要一个“常设”平台来持续发力了。2020年到2021年，是新冠病毒在全球肆虐的特殊时期，叶培建独自撰写报告，独自参与线上全英文答辩，克服了很多常人难以想象的困难，仅仅用了几个月就把不可能变成了可能，打造了特殊“航天器”——全英文版的《空间科学与技术》期刊。

2021年1月，这份期刊获得了国际国内发行权，由叶培建担任主编，近60位国内外顶尖的航天专家组成编委会，其中包括两位诺贝尔奖得主。这是截至目前，我国唯一的航天类综合全英文期刊。“于我而言，能够在这条路上坚持做一些事、做成一些事，我感到非常幸福。”叶培建介绍，“这本期刊影响很大，一般的出10年都不一定能被国际上纳入视野，我们这个期刊创办才3年，已经被全世界那么多的数据库，包括ESCI、EI，现在就差一个了，要不是疫情SCI也进去了。这本期刊短短3年就走到了世界的前列，影响很大。”

《空间技术与科学研究丛书》国内出版、《空间技术与科学研究丛书》海外出版、*Space: Science and Technology*期刊创办，是航天领域国内成果积累、国际成果宣传、国际平台交流的三大有效载体，它将助力新一代航天人在建设航天强国的征程上走得更稳更快，也会在贡献更多“中国智慧”“中国方案”“中国力量”上发挥作用。

自青年时期投身航天事业，叶培建始终胸怀远大梦想，从资源二号到嫦娥系列工程，从“嫦娥奔月”到“逐梦火星”，为我国的航空航天事业作出了巨大贡献。

九天揽月，筑梦苍穹。在许多人眼里，中国航天取得的成果比“应该的”大，因为如果按照西方国家科技、经济、工业基础的实力对航天工业的贡献来看，中国这些年的航天成果是“超常”的。而从叶培建身上，我们可以看出，取得这些“超常”成果是“应该的”！

（林　林　耿渭华　搜集整理）

相关资料索引

[1]《走在路上》，叶培建著，北京理工大学出版社，2018年

[2]《永不停步》，叶培建著，北京理工大学出版社，2022年

徐玉如

徐玉如(1942年7月29日—2012年2月17日),原籍江苏泰兴,智能水下机器人专家,中国工程院院士,我国智能水下机器人事业的开拓者和奠基人、水下机器人技术国家级重点实验室创始人。

1966年毕业于中国人民解放军军事工程学院。哈尔滨工程大学海洋综合技术工程研究中心主任、教授。长期从事水下机器人技术研究,主持完成了多项具有开拓性的工程研究项目,在机器人系统仿真、智能控制体系结构、试验系统集成等方面作出了重要贡献。获国家科学技术进步二等奖,部级科学技术一等奖,中船总科学技术进步一等奖。发表论文40余篇。

1942年7月29日,出生于江苏如皋一个普通干部家庭

1961年,南京师范大学附属中学毕业

1961年7月,加入中国共产党

1961年7月至1966年7月，在中国人民解放军军事工程学院海军工程系大学本科就读，毕业并获得学士学位

1967年10月至1969年4月，担任哈尔滨电子仪器厂技术员

1969年5月至1971年4月，担任湖北江山机械厂技术员

1978年10月至1992年10月，担任哈尔滨船舶工程学院教研室主任

1987年开始，成为国家高技术研究发展计划(863计划)无缆水下机器人选型论证组主要成员，参与制定了中国无缆水下机器人发展规划(建议)

1992年11月至1995年2月，担任哈尔滨工程大学教研室主任

1995年3月至1999年9月，担任哈尔滨工程大学副校长

2003年12月，当选中国工程院院士，隶属于机械与运载工程学部

2007年1月，担任哈尔滨市科学技术协会第六届委员会主席

2009年1月，担任焊接技术国家重点实验室学术委员会主任

2009年1月，担任机器人技术与系统国家重点实验室学术委员会主任

2010年5月，担任江苏省船舶先进设计制造技术重点实验室主任

2012年2月17日因病去世

海洋世界弄潮人

——记智能水下机器人专家徐玉如

这是个靠实力生存的世界，我们为了国家无论如何要赶上去，必须争这口气！

——徐玉如

哈尔滨工程大学里有一处很普通的两层红楼，被称为“三乙”，这是个有魅力的地方，魅力在人而不在楼。找徐玉如院士就要到这里，这里是“海洋综合技术工程研究中心”，是智能水下机器人的家，是一位优秀的学科带头人领导着一个优秀团队战斗的地方。

一个给很多人留下印象的大玻璃杯“蹲”在桌上，绿茶在里面舒卷、沉浮，它们的主人谈笑风生，这里也因此满室春风。自从1961年走进赫赫有名的“哈军工”，徐玉如在这个“军工大院”里度过了他一生中最好的年华。2003年当选中国工程院院士后，他更加忙碌了。如果有时间回顾他走过的那些路程，这会是一个很长很长的故事。

“智水”院士破浪行

1961年，19岁的徐玉如以优异的成绩被保送到“哈军工”潜艇专业——这也是中国第一个潜艇专业，他的一生由此和海平面之下那个神

徐玉如(左二)在“哈军工”就读

秘莫测的蓝色世界紧密联系在了一起。

岁月流转,40多个春秋转瞬即逝,他已成为哈尔滨工程大学国家重点学科“船舶与海洋结构物设计制造”的学科带头人,博士生导师,中国工程院院士,在我国的潜器操纵性与动力定位技术领域,尤其在智能水下机器人技术领域作出了突出贡献。他的名字也因此拥有诸多光环:部级劳动模范、先进工作者、优秀共产党员……但无论获得什么样的荣耀、经历什么样的坎坷,这个人的生命都始终像一条奔流的大河:急着、忙着奔向自己的目标,执着、坚定、心无旁骛。

徐玉如教授和水下机器人的缘分持续了四个“五年计划”,可以说,智能水下机器人已成为他生命的一部分了。

机器人不稀奇,现在它的家族很庞大,有陆地的、太空的、水下的,这其中,水下机器人由于它的“不可接近性”而难度最大。陆地机器人看得见、摸得着,出了问题拿回去再研究就行;水下机器人则不同,此“人”一入水便看不见、摸不着,一旦“走失”,“芳踪”难觅,由此,水下机器人的技术要求已经不同于它的“亲戚”,再加上“智能”两字,那它对于人类智慧的考验就更全面了,这样的高精尖项目必须在学科的交叉融合中，经过一代人甚至几代人的努力才能完成。

“在船舶工业的发展过程中有许多事情要做，现在国内的船用设备配套率很低，所以研究单位和工厂都有事情要做。不同于工业部门针对某个具体产品的开发，学校开展的是高层次科学研究，这些研究是前瞻性的，比如我们智能水下机器人技术国家级重点实验室所从事的许多研究课题，特别是水下机器人，综合了许多技术的研究开发。当然，也不断出现大量新的问题，这是对课题组的实际挑战。”2005年，徐玉如院士在接受《船舶工程》杂志采访时说，“我们‘上九天揽月’做了很多事，现在该‘下五洋捉鳖’了。”

我国“智能水下机器人技术”的研究工作在“八五”期间开始启动，哈尔滨工程大学作为技术牵头单位，共有5个系、9个课题组参加，加上校外3个单位，总计有12个课题组100多人投入到了这项工作中。徐玉如院士作为总体技术组副组长和系统集成负责人，就是从这时开始了与“智水”的不解之缘。“智水”是名副其实的硬骨头项目，涉及的技术包括系统仿真、局部环境定位、水下目标的声探测与识别、智能决策与规划、多传感器信息融合、运动控制、系统集成等关键技术，这当中任何一个方面都是当仁不让的尖端技术。

参加“智水”研制前，徐玉如的科研工作已使他在潜器操纵性、潜器动力定位技术方面取得了相当的成绩并有了技术与经验的积累。然而，科学研究没有朝夕之果，徐玉如与他的事业一道，在茫茫深海之下经受了孤独寂寞的考验。1973年，他开始从事水动力系数研究。水动力系数是潜器设计的重要依据，但受当时社会环境和实验条件等诸多因素限制，几年下来，研究没有取得满意结果，课题组的人先后离开，最后只剩下徐玉如一个人。面对巨大的精神压力和艰苦的科研条件，他带领两个同事，终于利用平面运动机构在水面型循环水槽中的试验以及理论推算，共获得67个重要的水动力系数，成为国内获得水动力系数最多的试验项目，也为以后潜器操纵性研究奠定了坚实基础。在主持“潜器四自由度动力定位系统”项目的研制工作中，他领导

徐玉如在指导海上试验

了包括水动力计算、试验模型设计、自动控制、水声等多学科在内的任务组，研制的样机系统成功地在水池和松花江中实现了四自由度动力定位，这是我国动力定位技术的起点与基础，获得1991年中国船舶工业总公司科学技术进步一等奖和1992年国家科学技术进步三等奖。在这个项目中，作为技术骨干，他在潜器系统建模和动态仿真等关键技术上作出了突出的贡献。这些工作，为他主持“智水”研制奠定了基础。

从1988年开始，徐玉如作为总体组副组长承担了国家跨部门研究项目“智能水下机器人技术”的论证与研究任务，是水下机器人系统集成技术课题的负责人。该项目是跟踪世界先进水平的高科技课题，具有多学科和交叉学科的特点，通过水池与湖中的试验，圆满地实现了自主导航、自主避障和自主简单作业三项智能行为的演示，达到了20世纪90年代国际先进水平。该项目的研制成功，表明我国在水下机器人智能化方面迈出了革命性的一步。课题组被评为国家级研究先进集体，并在1995年参加了国家科技展览，得到中央领导的重视。该项目获得了1996年中国船舶工业总公司科学技术进步一等奖。“九五”期间，徐玉如又被中国船舶工业总公司确定为“智能水下机器人技术”项目负责人，该项目在“九五”期间的技术目标是进一步提高水下机器人的智能技术。经过5年的努力，该系统在2000年6月底完成了全部的海上试验，并通过了专家组的测试和验收。2001年，该项目获得部级科学技术进步一等奖。“十五”期间，徐玉如领导课题组研制了“智水Ⅳ型”智能水下机器人。2005年6月，该机器人在蓬莱海域圆满完成了集成系统的试验考核，通过了国家有关部委组织的专家验收。

智能水下机器人从“八五”走到了“十一五”，已经成功地发展了4个型号，创造它的人们还在为它的成长忙碌着。十几年来，人们看到它一步步实现了自主导航、自主避障和自主简单作业，成功地在海洋环境中实现了自主识别、自主绘图、自主作业以及自主远航，看到它们获得中船科技进步一等奖、部级科学技术一等奖直至国家科技进步二等奖，也将看到新的研究开始启动。在这些看得到的成绩后面，有着太多我们看不到的艰辛，那些不可计量的心血和时间、智慧与精力，最终，这些付出以它们独有的分量，在时间与世事的荡涤下，沉淀为一枚勋章——院士，国家以这种形式对徐玉如以及这个科研集体给予了最高级别的承认。

以科学的态度对待科学

科学研究首先需要一种科学的态度，从这种态度上就能判断出一个人以及一支队伍的发展前景。这种科学态度意味着对问题和工作保持客观、理性，意味着脚踏实地解决问题、推进工作，也意味着对研究方向有着科学的把握以及前瞻能力。

“智能水下机器人技术”的开创者邓三瑞教授，在他60岁的时候，大力举荐学生徐玉如接替自己的工作。有人认为，邓三瑞的科研事业，正处于方兴未艾之际，不应该过早地让贤。但邓三瑞认为：“徐玉如比我年轻10岁，水下机器人科研工作干得也很好，为什么不把机会让给年富力强的人呢？我并不在意科研成果奖项上是否有我本人的名字，我只是希望后来人比我做得更好。”

在选择徐玉如接手主持研制工作时，邓三瑞首先就强调“徐玉如不乱吹牛”。他说：“现在有些人很浮躁，吹吹嘘嘘弄钱的事也很多。科研目标要高而可攀，这个项目很复杂，几个‘五年计划’恐怕完不了，必须不辞劳苦。还有，徐玉如能带动手下人团结共事。矛盾难免，但无原则瞎胡闹在这个组里没有。课题组的发展中起骨干作用的人很重要，领头人松松垮垮、歪门邪道，事情无论如何搞不好。”

邓三瑞曾一语道破微小型潜器项目的关键在于其应用定位。徐玉如闻后彻悟，感悟到了一个大科学家的战略思维。当他向邓三瑞教授请教“科学研究有没有什么方法”时，邓三瑞的回答“化简”，这引导和影响了徐玉如此后的科学哲学著作研读与思考。

促使留日博士苏玉民选择加入徐玉如课题组的诸多原因中，徐玉如作为学科带头人表现出来的科学素养是重要的因素，而对于想干些事的人来说，他们渴望找到真正干事的领军人物和优秀的团队。2003年进行海试时条件非常艰苦，当时正赶上刮风下雪，徐玉如和大家一样，穿着棉袄还冻得直淌鼻涕，船上所有的人——院士、博导、工人都一个模样了。苏玉民老师对此“非常高兴”，他喜欢这种上下一心、不怕苦累、踏踏实实的工作态度和工作状态，认为也只有这样才能干出成绩。

徐玉如年轻时就是一个泡在实验室的人，后来他干脆把办公室设在了实验室，几十年在科研一线摸爬滚打使他的工程经验、科研经验积累丰厚，从而使他后来能够从更高处看项目的发展方向，看到该做什么和怎么做。在为团队完成顶层规划后，具体实施时他便放手让大家集思广益、扎实推进。遇到问题他不是抱着自己的想法不放，而是先同各位骨干交流、切磋，察纳善言。这使得他领导下的科研工作从发展大方向到具体环节上的攻关，都有了根基与保证。

与他合作的专家们说，尽管他已不再年轻，但他始终保持着学习的热情并有很强的学习能力，对于“智水”这个高端产品涉及的诸多学科知识，他不懂就问，有时会专门找某个学科专家请教，这让他在抓总的地位上能通晓各领域，由此在了解的基础上调拨得开、驾驭得来，这种扩大知识面的能力令人叹服。

随着一些主体学科的发展，机器人的发展也有了新的变化空间。要把这个在海里跑的家伙真正搞成一个随机应变、反应灵敏的东西，还要经过长久、辛苦的工作。徐玉如深知自己的工作成果对我们这个国家的影响，也深知它在国际上的地位，所以他有着一个强烈的愿望：这是个靠实力生存的世界，我们为了国家无论如何要赶上去，必须争这口气！而这时，他对自己和部下强调的还是那句话：既要胸怀大志，又要脚踏实地。

徐玉如领导的“中心”已发展成为我国国家级重点实验室，他要做的事情更多了，要把重点实验室抓紧建好，学校为此投入了500万元支持实验室的建设，这也是此后我国的重要研究基地和培养这一领域高技术人才的中心。同时，还要搞好海试，完成机器人演示验证实验。

用好作风带出好团队

徐玉如院士领导的团队人才济济，这里有从法国归来的博士，在这一领域探索多年的专家、学者，更有一批正在求学的青年才俊——在读的博士生、硕士生们。走进这个团队，你会发现这里真正体现了事业吸引人、感情凝聚人、榜样感召人、待遇稳定人的人才战略，你也会切实感到一个团队的成长与它的带头人有着多么密切的关系。

徐玉如就是这个团队的精神核心和榜样。那么他的魅力何在呢？他平和、民主，没有架子，学生们谈恋爱的事也会和他说说，他也会给出出主意；他有容人之量，对于项目合作者，按道理到预定的时间就要完成课题任务，但如果确实因为技术问题没有解决，他能给予充分理解，还会与合作者商量，鼓励对方再加把劲；他对大家以诚相待，尊重别人的意见，课题组的事都是大家商量着决定，这种态度使大家心情舒畅，因为自己的想法被采纳，说明自己的思考是有价值的；在利益面前，他和大家一样，没有特殊化，课题报奖的排名、奖金的划分都拿到桌面上来讨论，所以在这个团队里大家为工作可以经常吵得脸红脖子粗，但大家能够互相信任、互不设防，哪怕吵着交流也是愉快的。平时只要不出差，徐玉如就会在实验室守到很晚，尽管不用他亲自去编程、去实验。课题组一位博士生导师的话道出了他的人品：他作风正，没有歪心眼，没有个人小算盘。

还有就是他“人活一世总要做点儿事情，哪怕只做好一件事情，才不枉此生”的人生态度——这种理念已成为这个团队的共识。

好的作风才能带出作风好的团队，此言不谬。这个集体能让人领略到“与有肝胆人共事，于无字句处读书”的境界。

徐玉如院士在谈到自己走过的路时，总是在强调：他最感谢的一是他的两位恩师，二是他的这个团队。

徐玉如的两位恩师，一位是我国第一艘常规动力潜艇的总设计师、第一艘核潜艇的顾问邓三瑞教授，另一位是我国水声工程专业的创始人之一杨士莪院士——1995年杨士莪当选院士后，徐玉如曾在杨士莪家里长谈了三个小时。“不要接触新闻媒体，踏踏实实做事”，当时杨士莪说的这句话给徐玉如留下了深刻的印象，而徐玉如后来当选院士后，也一样几乎不接受媒体的采访，只顾闷头做学问——他们对徐玉如的帮助、指导，他们的人品、学风、观念以及对科学的态度使徐玉如受益匪浅，他对他们始终怀着由衷的感激与敬重。

作为我国“智能水下机器人技术”的开创者，邓三瑞经过千辛万苦的努力，组织队伍启动了这一研究项目。徐玉如院士始终对课题组强调，邓教授做了真正意义上的开拓工作，这种历史作用什么时候都不能忘，“智能水下机器人技术的开创者是邓先生，是邓先生种下的树，而果实则由我们摘了。”为此，他在生活中始终细致入微又不留痕迹地关照着团队成员，因为“活是大家干的，必须真正为每一个人着想”。

徐玉如和恩师"潜艇之父"邓三瑞

让大家感动的是,有时当事人自己还没想到的事,他已经在帮忙做了,比如谁该考虑评职称的论文了,谁生活中遇到什么困难了,等等。对团队成员,他给予了最大的信任与尊重,所谓"用人不疑",因为他深知,事业发展,人才是关键。当选院士后,徐玉如宴请的也不是别人,而是团队的家属们。他向每个成员的爱人敬酒,为团队成员无暇顾家致歉,感谢家属们对课题作出的贡献。

有一次,因科研中的问题而对一位老师错误地发了脾气后,第二天,在包括学生在内的全体人员面前,徐玉如诚恳地对这位老师说:"我回去仔细想了这个问题,你是对的,我错了,对不起!我向你承认错误。"这位老师说,这么一件小事,徐院士却不止一次在众人面前向我道歉,这种胸怀不是一般人所能有的。

徐玉如说,院士这个头衔是给这个集体的,没有团队的精诚合作就没有院士,就没有重点实验室。徐玉如骄傲地评价他领导的这支科研队伍:这是一群水平、素质非常高的人;是一群业务、人品都非常优秀的人;是做事非常主动、自觉的人。很多人纳闷儿:徐玉如手下的这些干将,甚至连实验人员都那么拼命做事,哪来的干劲呢?一个重要因素是：被关怀、被尊重就会产生动力。就这样，在他这个带头人的感召下，“以胸怀容人，以素质做事”成了这个团队的风气。

我国特种船舶系统总师张宏军，是徐玉如最为特别的一个学生，虽然他只是徐老师门下众多弟子中的一个“编外人员”，但却得到了徐老师的“真传”。哈船院时期对于本科生的培养有一项制度，即学生大二时，在班级里成绩特别优秀的学生，有机会追随导师提前接触研究生的专业学习。张宏军就是在那个时候与徐老师结缘，当时他只是本科二年级的学生，几乎从未接触专业课，知识积累不多。徐老师把他当成学生中的“老疙瘩”，对他格外地倾注心思。张宏军说：“老师经常邀请我去他家，跟我讲如何治学，如何搞科学研究，以及船舶行业、海洋事业的发展前景等。那时，我特别喜欢与老师谈话，在他的引导下我学会了学习方法，逐渐找到了专业学习的方向，更重要的是对老师常挂在嘴边的海洋事业产生了浓厚的兴趣。”

一次，徐玉如邀请张宏军去实验室参观，一边带他参观一边结合自己的科研项目，告诉他一定要在本科时将专业课学好，为今后的工作打下基础。参观结束时，徐老师语重心长地对他说：“海洋是无尽的宝藏，对海洋的开发和利用，我们国家现在做得还远远不够。在海洋开发的道路上充满了挑战，我们要用一生去探求。‘智能水下机器人’项目是我们国家迈向深海的重要一步，需要你们年轻人去实现。”从那时起，张宏军便暗下决心：毕业后，也要像老师一样将海洋开发事业作为自己毕生追求的梦想。

1991年，张宏军大学毕业，尽管当时国内船舶行业并不景气，不少同学选择了其他行业，但张宏军不负徐老师对他的教导与嘱托，毅然选择了中国船舶工业系统工程研究院（原船舶系统工程部），从此踏上了蔚蓝大海的征途。

“我们最想要他的时间”

徐玉如教授身边的那一群博士生、硕士生说，他们最喜欢教授的生活态度——忙而乐观，喜欢他痴迷音乐、嗜茶成瘾的那种生活乐趣，更喜欢他举重若轻完成压力很大的事情时的那种潇洒。“我喜欢听音乐和打乒乓球，空闲的时候听听音乐打打球，放松放松，我家里的音响设备是很专业的。”徐玉如说。

学生们甚至以为，他们的导师是压不垮的，什么问题到他这儿都能解决。“我们最想要他的时间！ 我们特别愿意看着他穿着休闲服从楼上下来和我们打乒乓球，但是他太忙了。”从这些话里，人们能体会到学生们爱戴他、心疼他的那种情感。

他的博士生说，组里的环境是宽松的，但无形的约束力很强，因为老师们都是榜样。任务紧时，晚上师生们会在实验室挑灯并肩作战，周六周日也都泡在这儿。在徐玉如的带领下，大家有着一种集体性自觉，认真去完成任务。

学生们亲身经历了2003年一年完成三个机器人的繁忙：三个机器人的子项目多、人员少，但徐玉如都统筹规划得很好，将学生按各自专业方向的特长分成七个组，老师进行有针对性的课程和课题的指导，

徐玉如参加2003年硕士研究生论文答辩

做到了科研与教学、出成果与出人才并举。

学生们喜欢上他的课，因为他的课堂早已是研究型教学了，课堂是一种挑战也是一种锻炼。他会事先将题目布置下去，学生们通过上网等方式查找资料为课堂做准备。上课时每个人都要上去讲自己准备的东西，大家给予补充、纠正。最后，徐玉如进行总结指导，这样的课堂对掌握研究方法，培养自信和思维能力是再好不过的了。对于学生好的想法，他会谦虚地说："这个我没有想到，你给我上了一课。"课堂上他也会把自己从报纸杂志上看到的好文章摘下来念给学生听，那些生活感悟、名人访谈等对人有启示作用的篇章，在向学生内心渗透的时候，也是他们汲取营养成长的过程，这种细心正是徐玉如对学生爱心的具体体现。

他的学生开玩笑说："我们对徐院士的意见就是，最好他每天能早点回家，这样我们也好偷懒早点走。"他用行动告诉学生：选择了科研这条路，也就选择了一种在常人看来艰苦而寂寞的人生，实验室里不会有聚光灯，不会有鲜花和掌声，只有真正热爱研究的人，才能体会到那种曲径通幽的美妙感觉和创造的满足与喜悦。

他推心置腹地叮嘱学生以及身边的年轻人要执着，这是科研工作成功的前提，不执着便不会有坚持的力量；要有容人的胸怀，科研不是一个人，也不是一个学科的事，要多学科、多层次的人组成团队，这是成功的基础；要踏实，不要浮躁、张扬，工程技术是0和1的问题，不允许任何含糊；要不停地往前迈进，不要因为困难停下，也不要因为成就停下，要有学习、创造的热情，更要有坚守的定力——徐玉如的学生们都从导师身上领悟了这一切。

关于他自己，徐玉如说，最幸福的是做着自己喜欢的事，最喜欢的就是听音乐，最享受的就是在大年三十晚上，听着音乐向这忙碌的一年告别，而最欣慰的是多年的合作伙伴已成至交。

事业如同大海一样，使每一个投身其中的人激动着，徐玉如指挥着他的智能水下机器人，在事业的海洋中凌波踏浪前进。

这御海盛世如您所愿

2012年2月17日上午，徐玉如院士因病医治无效不幸逝世，享年70岁。

20多年前，徐玉如由于胃部不适到医院检查，医生怀疑他得了胃癌，将胃切除三分之二。然而，为了事业，他再也没有去过医院，直至被确诊为胃癌。而他相濡以沫的老伴也患上了肺癌，但这双重打击并没有击垮徐玉如，他清楚地知道自己的生命还有多远，于是他上午化疗，下午就回到工作岗位上拼命工作。

2011年年底，徐玉如的病情恶化，在ICU门前，他微笑着对推着他病床的同事们说："这次不是狼来了啊，在这儿提前跟大家告个别，以后工作就靠你们了……"作为一个团队的家长，他放心不下正在进行的科研项目；作为一名把毕生精力献给了这座大院的教师，他更放不下学校未来的发展建设。

"徐玉如院士说，需求在迅猛增加，如海洋资源勘测、石油平台和输油管道的维护、水库水坝的安全检测等。采访进行了40多分钟后，记者被陪同人员提醒，徐院士该卧床休息了。徐院士唠起专业，一点都不觉得累，但等人一走了，他就会累得不行。"徐玉如去世前不久，《黑龙江日报》记者采访了徐院士夫妇。"听徐院士谈他的经历、他的科研、他的人生哲学，是一种享受。虽然非常想继续聆听，但看到徐院士捂在胃部暗暗用力的双手，记者实在于心不忍。在徐院士休息后，记者采访了他的夫人东淑清阿姨。东阿姨也曾患癌症，2004年做的手术，她说她发现得早，手术后就没事了。""徐老师这病就是给耽误了，他人太认真，对自己从不关心，把工作看得跟命似的。"据东阿姨介绍，徐院士经常要出差做实验，一走就是好几个月，最长的一次连续3个月在海上。2007年夏天外出考察时，他突然呕吐，出现梗阻，咽不下食物。她说，"我特后悔，如果当时坚持让他去做个胃镜就好了！"

东阿姨告诉记者，徐院士做过胃切除手术，人怎么都不舒服，每顿吃得不多，吃多了就难受。徐老师早上7点吃饭，9点多要吃点麦片，11点多吃午饭，下午3点多吃面包。晚上他总是饿得难受，经常饿醒。睡觉前她会把水烧好，准备些糖、蜂蜜和面包。徐老师每晚要起来两三次吃东西，喝糖水、吃面包再喝杯胺素。

2012年2月17日，我国海洋科学领域的一颗巨星陨落，钟爱蓝色大海的徐玉如穿着整齐的海军军装离开人世，仿佛又回到那军号阵阵、意气风发的火热年代。

噩耗传来，哈尔滨工程大学全校师生悲痛万分，纷纷以各种形式缅怀这位学界泰斗。提起徐玉如，每个师生都有说不完的话："徐院士患病期间，坚持每天上午化疗后直接去实验室，每次总是悄悄带着一块面包，因为他的胃切除了三分之二，只能少量多次进食。就是靠着啃面包，他也要和同事们研究到很晚才回家。""我最难忘的是徐院士那双大大的老头鞋，患病后期，他的脚肿得非常严重，不得不穿着大大的一双棉鞋来到实验室坚持科研。""面对很多活动的邀请，徐院士常常婉拒，但有时本科生来问问题，无论问题深浅难易，他总是热心讲解，从不拒绝。""徐院士反复说的最多的话就是，'我现在最想要的就是时间，因为我还有很多事没有做完'。"

军工大院不会忘记，这个将毕生精力倾注于这片黑土，从未停歇也从未吝惜的优秀学员，这个执着地追逐梦想，专注于我国潜器和水下机器人研究领域的领跑者；这个勇敢地迎接挑战，顶起了学校特色学科专业体系脊梁的建设者；这个坦荡地给予一切，培养了大批船舶与海洋工程领域杰出人才的教育者。

母校不会忘记。2013年8月29日上午，徐玉如院士雕像落成揭幕仪式在哈尔滨工程大学水下机器人技术国家级重点实验室举行。校长刘志刚致辞，深情缅怀和追思徐玉如院士为学校的学科建设、人才培养、科学研究所作的突出贡献。他说，徐院士是我国智能水下机器人事业的开拓者和奠基人，水下机器人技术国家级重点实验室创始人。我们要以徐院士为榜样，学习他艰苦创业、无私奉献的顽强精神和运筹帷幄、勇于开拓的创新精神，继续传承发扬徐院士“开源聚才、同心凝智、学用至善、融合创新”的发展理念，以国家需求为首要使命、以创新引领为首要标准、以顶天立地为首要目标，心系“国家事”、肩扛“国家责”，践行加快建设海洋强国的使命担当，为实现海洋强国梦想不断奋勇向前。

徐院士夫人东淑清代表家属，对哈尔滨工程大学在60周年校庆来临之际，在校园里树立徐玉如院士铜像表示由衷的感谢，并预祝实验室即将进行的南海试验取得成功。

2022年11月5日，哈尔滨工程大学船舶工程学院举行“乐水·智水”中国工程院院士徐玉如生平图片展，追思徐玉如院士为党育人、为国育才的动人事迹，及其为我国船舶海洋工程领域科技事业作出的重要贡献，激励教师成为“好老师”，争做“大先生”，引导学生成为立大志、明大德、成大才、担大任，堪当民族复兴重任的时代新人。

图片展以时间为序，分为“上善若水”和“泽被后世”两大主题，甄选数十张珍贵影像，从不同侧面展示了徐玉如院士与祖国同呼吸、共命运的人生轨迹，“面朝大海，春暖花开”的精神境界，以及一批批“船人”接续奋斗，在平台建设、学科专业、师资队伍、科学研究、人才培养等方面取得的丰硕成果。

水下机器人技术国家级重点实验室教师廖煜雷表示：“从徐玉如院士身上，能够切实感受到老一辈‘船海人’服务国家重大战略需求的价值追求，我们要永远铭记徐玉如院士忠诚报国、严谨治学、甘为人梯、勇攀高峰的科学家精神，坚定理想信念，增强专业自信，练就过硬本领。”

水下机器人技术国家级重点实验室博士研究生漆池表示：“身为新时代青年学子，我们要传承并弘扬徐玉如院士的‘智水精神’，成为有理想、敢担当、能吃苦、肯奋斗的好青年，为祖国船舶海洋工程事业发展贡献自己的青春力量。”

团队不会忘记。2022年是徐玉如教授逝世十周年，他的团队以书信的形式汇报了团队的发展，缅怀他们一直珍藏心底的领头人。

您说，“人活一世总要做点儿事情，哪怕只做好一件事情，才不枉此生。”您用毕生精力让我国智能水下机器人领域厚积薄发，您敢于拼搏、求真务实的精神也激励着我们不断前行。

我们学着您的样子，将“智水精神”代代传承

如今，我们的智能水下机器人打破了潜深世界纪录，我们的水面无人艇处于国内领先水平。今年是您离开我们第十年，请您放心，您的科研精神有人传承，您放心不下的事业有人延续。

我们学着您的样子，为国家争气

记得2010年6月，那时您已经被确诊为胃癌晚期，心里却放心不下我们在研的水下机器人，担心它在长航中是否稳定安全，刚做过放疗就和我们一同出海。在长航试验现场，您说，“一天只有24小时，对于我们科研工作者来说，每一分每一秒都要好好珍惜，用有限的时间，做出最大的努力。”

在海边做实验，为了抓住实验窗口期，您天不亮就带领我们出海。考虑到您的身体，我们提议租艘舒适些的船，您说，科研经费要花在刀刃上，还是租了最便宜的小船。那时在小船船头饱受病痛折磨的您瘦骨嶙峋，但有您掌舵我们就心安，我们知道这也是您执意出海的原因。

那天上岸前天色突变，豆大的雨点砸下来，海浪席卷着小船，仿佛有一种力量和岸上牵绳的同事对抗！海浪拍打在您的脸上，浸湿了衣衫，海风袭来冰凉刺骨，但您手握栏杆神情自若。这是您最后一次出海，您矢志报国、敬业奉献的形象刻在了我们每个人的心里！敬佩您身患重病，却甘愿为国家的船海事业燃尽生命的最后一丝能量，在场的很多同事都红了眼眶。

我们心系“国家事”、肩扛“国家责”，水下机器人技术获得了一系列突破：作业空间上，从近浅海走向全海深、极地，实现全海域覆盖，创造AUV潜深10896米的世界纪录；工作时长上，从几天增加到数月；智能水平上，实现了从单机全自主到全分布式群体协同博弈；平台创新上，不断涌现出底栖、仿生、轮桨、跨介质等新概念水下机器人……在很多领域，我们为国家，也为您争了气！

我们学着您的样子，脚踏实地做科研

2020年末，负责“全海深无人无缆潜水器AUV关键技术研究”项目组得知科考船发船日期，团队第一时间报名，因为您教导我们，“程序运行起来不算成功，可靠性是检验成败的最终标准。”对于我们船海人来说，出海试验是从0到1的关键。

而当时正赶上哈尔滨疫情，如果想登上科考船，必须在当地隔离14天，团队须提前近20天前往青岛，而这段隔离的日子恰巧是那一年的春节。回首往年春节，您也是在科研一线奋战到新年的钟声响起，大家没有丝毫犹豫就买了机票，直到抵达机场，看到往日熙熙攘攘的机场空空荡荡，但为了心中的海洋强国梦，大家勇敢逆行，无所畏惧！

那一次，在全国人民欢度佳节时，团队在地球的另一边创造了7709米的亚洲潜深纪录，在之后的几个月，团队再战马里亚纳海沟，并不负众望，完成4次超万米深度下潜并超过国外无人无缆潜水器10028米的潜深世界纪录。如今，“悟空号”AUV已具备不需母船伴随、支持，独立畅游万米水下自主工作的能力。装有高速水声通信系统的“悟空号”AUV在万米海底畅游期间，在与母船直线距离超过15千米的深海中，仍可准确传输状态信息给母船上的科研团队。

我们学着您的样子，传承创新求突破

徐院士，在您离世之后，我们经历了一段阵痛期。那时，新型平台、人工智能、新体制探测等技术，催生着海洋装备领域新一轮科技革命，各大集团纷纷下海，海洋机器人领域竞争空前激烈。失去了领路人的我们该如何发展？我们一度陷入低潮。

“开源聚才、同心凝智、学用至善、融合创新”，我们将您留在实验室的科研精神凝练，这些年，我们不断准确识变、科学应变、主动求变，而从未变过的是这16个字凝聚的团队文化。

我们无数次感叹您海纳百川的胸襟和高瞻远瞩的谋略。早在“八五”时期，学校作为牵头单位承接“智能水下机器人技术”时，作为总体技术组副组长和系统集成负责人的您就说，这样高精尖的项目，必须学科交叉融合。您成功研制的8台智能水下机器人背后，是您带领702所、709所、华中科技大学等多个校外团队的上百人开展深度合作。

10年后的科研工作更突显着有组织科研的重要性，我们秉持着“资源共享、优势互补、真诚合作、共同发展”的原则，通过“大合作”推动创新发展。研制全海深AUV面临前所未有的难题，11000米水压相当于1平方米的面积承受万吨重量。耐压舱体、推进器密封、浮力材料、超深水探测、通信、定位、抛载等困难重重。我们组织船舶学院、水声学院、机电学院等7支校内队伍，国家深海基地、中科院深海所、中科院海洋所等6家校外单位，凝聚学科齐全、团结协作的创新团队，协同攻关，并最终实现了“悟空号”AUV10896米的最大下潜深度，首次获取了万米海底清晰的连续移动观测影像。

我们学着您的样子，全力支持青年人的发展

徐院士，10年发展，您当年倾心培养的学生已成为行业内的领军人才，在全国各地发光发热。我们的团队也已经兵强马壮，而我们深知，团队若想发展壮大干大事，必须像您一样惜才爱才，真正为每一个人着想。

还记得您对苏玉民博士归国前后的贴心关怀，如今，我们也学着您的样子，全力支持青年人的发展。当前团队中的年轻科研工作者都有自身所专注的学术方向，基本保有2项及以上的项目在研。

12年前，那个跟您海试的25岁研究生廖煜雷，如今已经成为我们团队的学术骨干。2013年留校伊始，他提出了研究海洋能驱动机器人的想法，实验室给予的种子基金支持他开展理论探索和水池研究，并逐渐形成一个新的研究方向；在您奠定的智水基业和创新沃土上，实验室的“80后”“90后”们迅速成长为学术骨干：姜言清担任国家重点研发计划项目首席科学家，曹建和李岳明成长为全海深AUV系统总师，张国成成为海洋工程用水下机器人方向负责人，沈海龙、王博、张强和马腾等已经成为团队中坚力量……

徐院士，您严谨求实的治学态度、执着向前的科研精神、矢志报国的高尚情怀，激励着一代代船海人开拓进取。

您永远活在我们心中，就像一盏照亮着我们向海前行之路的闪耀灯塔！

…… ……

徐玉如在给孙子起名字时选了“思渊”二字，除了饮水思源的人文意义，更饱含了一个以海为家的船海人对祖国海洋事业无尽的执着。丹心铸剑，何惧大洋深和远；热血熔金，固我海疆坚如磐石。在祖国船海事业的发展中，徐玉如和很多船海人，选择和祖国站在一起，为中国的船海事业，为新时代的科技创新发展，付出青春、热血乃至生命。

“人类需要善于实践的人，需要醉心于事业的大公无私”，40多个春秋，徐玉如致力于船舶与海洋工程领域的科研与教学，在“潜器”总体、船舶操纵与动力定位、智能水下机器人、微小型水下无人航行器等技术领域的关键技术方面，取得了多项填补国内空白的科研成果，成为哈尔滨工程大学国家重点学科——船舶与海洋结构物设计制造的学科带头人和水下机器人技术国家级重点实验室学术委员会主任，获得了中国船舶工业总公司劳动模范、全国重点科技工业先进工作者、黑龙江省优秀党员、国家级有突出贡献中青年专家等殊荣。

有的脚步，注定是要为后人开出路来，所以，匆匆兼程便是它的宿命。2012年那个春天，徐玉如身着整齐的海军军装离开人世，身后留下的是哈工程的“王牌”科研成果——智能水下机器人领域的国家级平台、国家级队伍。如今，这御海盛世，如您所愿！

（耿渭华　搜集整理）

相关资料索引

[1]哈尔滨工程大学网之《面朝大海　春暖花开》，2023年3月

[2]哈尔滨工程大学网之《徐玉如院士：这御海盛世，如您所愿》，2022年6月

[3]光明网之《徐玉如：是非审之于己，得失安之于数》，2016年2月

陈学庚

陈学庚，1947年4月出生，江苏泰兴人，农业机械设计制造专家，现任农业农村部西北农业装备重点实验室主任，石河子大学研究员、博导，江苏大学研究员、博导，中国农业机械学会、中国农业工程学会名誉理事长。1968年从新疆兵团奎屯农校毕业后分配到新疆兵团农七师130团机械厂工作，1983年加入中国共产党，扎根边疆连续从事农业机械研究和推广工作56年，曾担任农七师130团机械厂副厂长、厂长，130团机务科科长、副团长兼总工程师，农七师农机中心主任，新疆农垦科学院农机研究所副所长、所长，兵团农机推广中心主任等职，2017年进入石河子大学机械电气工程学院工作。

他突破了地膜植棉机械化技术关键，攻克了膜下滴灌精量播种技术难题，研发出棉花生产全程机械化装备，促成了新疆棉花生产两次飞跃，推动了新疆棉花生产机械化研究并大面积推广应用，为新疆成为我国优质棉生产基地和兵团大面积棉花单产稳居世界领先水平作出了重大贡献。先后主持完成国家、省部级研究课题30余项，获省、部科学技术进步奖24项，其中：1995年作为第二完成人获“国家科学技术进步一等奖”1项，2008年、2016年作为第一完成人获“国家科学技术进步二等奖”2项，1992年作为第三完成人获“国家星火二等奖”1项，作为第一完成人获省、部级科学技术进步特等奖1项、一等奖6项。获国家专利120余件，其中发明专利58件，专利实施后形成的新产品中有9项获“国家重点新产品”；发表论文100多篇，撰写专著4部。获“全国优秀科技工作者”“全国杰出专业技术人才”“第六届中华农业英才奖”等荣誉称号10余项。

研究方向：旱田农业机械关键技术与装备。重点攻关目标：农田残膜污染治理、旱田精密播种、棉花生产全程机械化、节水灌溉等关键技术与装备。

2013年当选中国工程院院士。

英雄不问出处

——记农机专家陈学庚

我这一辈子，只做过一件事，就是农业机械。

——陈学庚

由家乡泰兴随父母举家援疆，一晃已60多年。如今，在陈学庚和一大批科研工作者的努力下，新疆棉花机械化采收率超过80%，棉花耕种收综合机械化水平达94.49%。作为中国最大的优质商品棉基地，新疆出产的棉花品质已跻身世界顶级，这也进一步向世界宣示了新疆棉花是科技棉、绿色棉、优质棉。

虽然陈学庚仅为中专毕业，习近平总书记却对他说："英雄不问出处"。从一名普通的农机技术员到国内棉花生产全程机械化技术研究和应用领域的著名专家，陈学庚愿做一名"农田院士"，一辈子只做一件事，誓将毕生献给新疆棉花生产机械研究，而年过七旬的他，也牵挂万里之外的家乡泰兴。

随父母万里援疆，与绿洲农机结下不解之缘

陈学庚的老家在泰兴市长生乡（现分界镇）。20世纪60年代，江苏一大批人来到新疆维吾尔自治区，支援新疆建设，陈学庚的父母就

在其中。

“那时候，我在泰兴的长生小学上六年级，后来就跟着父母来到新疆，扎根新疆，这一‘扎’就是60年。”陈学庚说，他是13岁随父母进疆的。已经在老家上过六年级了，到新疆以后，新疆没有六年级，只有五年级，他又跟着重新上了一趟五年级。

1960年2月，刚过完春节，他们就踏上了援疆之旅。一路上，江南水乡之色渐淡，北方粗糙之感一阵紧似一阵压来。受一路环境的影响，这个13岁少年心情也有些迷茫，不知全家人此去将会怎样，遥远的新疆又将会是怎样的一种境地。好在对新的家园的新鲜感冲淡了一家人的行旅苦闷，走了十余天，终于到了目的地新疆和静县。

“当时新疆的条件差得很，住的是地窝子，吃饭在老家有大米，但在这里不要想，只有玉米面蒸的发糕。我妈在家后面种了一块菜地，每天都是水煮白菜。”陈学庚说。

他们这批人是响应号召来的，按照政策被分配到了相应的单位，陈学庚一家被分在了和静县农牧大队——该大队负责为兵团独立汽车二营供应副食品。陈学庚自小就对收音机、拖拉机和钟表等机械感兴趣，这时看见很多汽车后，内心隐隐约约萌生了一种渴望。当然，这只是一个少年偶尔产生的好奇之心，当时的他并没有意识到自己以后将要与机械打一辈子交道。

10月再次分配，陈学庚一家被分到了地处奇台县的兵团110团。110团为兵团后勤部直属，是一个各方面情况都比较好的团场。在这里，陈学庚变成了真正的兵团人，开始了他作为兵团人的一生。

也正是从这里开始，对机械的喜好终于像不安分的小兽一样，在他内心蹿动起来。团场有拖拉机，他经常能在上学放学的路上见到。但凡遇到，只要拖拉机停着，他便忍不住伸出手抚摸。拖拉机那种摸上去光滑而又坚硬的质感满足了一个少年的好奇之心，同时也激发了他向机械更靠近一步的兴趣。于是，初中毕业后，陈学庚毫不犹豫地把所有的报考志愿都填上了农业机械专业，最后以高分被兵团奎屯农校录取。该校是一所中专学校，上四年可毕业。当时摆在陈学庚面前的志愿选择有三个：畜牧兽医专业、农学专业和农机专业。填报志愿时，陈学庚一口气在三个志愿栏中都填了农机专业，他认定了农机专业，如果换别的专业，宁可不上！

四年后，他中专毕业，被分配到了农七师共青团农场老九队。不久，这个共青团农场改名为130团，变成了正规团场。

陈学庚对老九队队长说："我学了四年农机，能不能分配我去开拖拉机？"其实陈学庚不清楚，当时在团场开拖拉机是令人羡慕的工作，一般人轮不上这一美差，况且他是一个刚分配来的学生，必须先接受贫下中农再教育，到地里干一段时间后才能安排工作。

当时已是天寒地冻的冬天，陈学庚被分配到一个生产队，和一群女同志一起拉沙子。拉沙子是力气活，陈学庚在生产队干了三个月，每天重复着拉沙子的活，但他吃苦耐劳，还有学习的热情，队长评价说："不错，是咱们贫下中农的人，分配你到机务班吧。"

1969年3月，陈学庚被分配到了机务班。当时，班里有一台"德特-28"拖拉机，陈学庚终于梦想成真，当上学徒开始学开拖拉机，但不久拖拉机被调整到了别处，他因无拖拉机可开，一时又闲了下来。而就在与拖拉机短短接触的这一段时间，他仍然学到了不少东西：开拖拉机时，他发现工人师傅们补胎用的都是胶补，胶水在短时间内尚有作用，在太阳暴晒后便会开裂，导致拖拉机无法正常行驶。他想起了汽车补胎时用火补和生胶，觉得应用到拖拉机上应该没有问题。一试，果然效果很好，那些开了多年拖拉机深受补胎之苦的工人师傅们对他刮目相看，觉得这个年轻人以后一定有出息。

随后，陈学庚被分配到了130团机械厂，从此便与农业机械结下了一生的缘分。

刚上班没几天，有同事拿来一台压面机："你现在没啥事，就来修修压面机吧，修好了，工人就有面条吃了。""学的就是机械专业，修个压面机还不是小菜一碟？"没想到捣鼓了半天，也没修好，当时陈学庚感觉很“惶相”，于是，他暗暗下定决心，要趁年轻多学习、多实践。

不久，机械厂人员调整，厂领导想让陈学庚去当派工员，按理说这是一个人人都梦寐以求的美差，但他却想去车间，因为他觉得下车间可以得到锻炼。所有人都不理解他的这一选择。有好心人提醒他：“你真傻呀，放着这么好的工作不干，去找累受！”无独有偶，若干年后他也做过辞掉130团副团长的“傻”事。他说：“组织上让我担任副团长，好像还有让我‘接班’的意思，因为团长已经58岁了。但我干行政感觉浑身难受，我不喜欢跟人打交道，还是搞技术好，于是找到兵团组织部，如愿调到了农科院工作。”

就这样，陈学庚一头扎进了车间。车间虽然辛苦，但对陈学庚来说却是一个充满机遇的大舞台，只要遇到不懂的，他便虚心向别人请教，技术也日渐提升。他一生从事农机设计，就是在车间奠定了坚实的基础。

一个偶然的机会，130团派他到下野地大修厂学习制造镗缸机。下野地集中了兵团好几个团场，有从上海、山东、湖南等地支援边疆的知识青年，所以当地的文化气氛很浓，人们的文化水平普遍比较高，而下野地大修厂承担着附近各团场机械修理的任务，是一个专业技术人才较集中的地方。

陈学庚到了下野地大修厂后，没用多长时间便摸清了镗缸机的结构。很快，他产生了一个大胆的想法——为130团仿制一台镗缸机修理设备。这个想法一经产生，他便无法平静，以致连续几天内心像水一样被烧得沸腾了。他想尽快赶回130团，开始制造镗缸机修理设备，但天公不作美，一场大雪将道路封死，下野地成了雪海孤岛，无一辆车能通向外界。他决定踏雪步行回130团去。下定了要走的决心，他一夜酣睡，天刚亮便动身上路了。由于地上的雪太厚，加之又没有车辆碾过，道路只有一个向远处延伸的模糊形状。他一步一步向前行进，双脚踩得雪地咯吱咯吱响，使寂静的旷野似乎有了几分颤动。就那样，他走了一天。大雪一直在下，茫茫雪野上只有他独自一人像个小黑点似的向前移动。天黑后，他终于回到了130团，60多公里路程被他甩在了身后，他累得没有了一点儿力气。

就在那个大雪飘飞的冬天，陈学庚研制出了镗缸机修理设备。机械厂负责130团全团拖拉机的大修，此前大修发动机时，磨损超标的缸套都要送到农七师第二大修厂排队等待镗缸，大大地影响拖拉机的修理进度。自镗缸机制造成功，机械厂发动机修理时的镗缸问题得到解决。然而新的问题又出现了，发动机缸套技术标准对表面光洁度要求非常高，镗缸机只能镗削掉多余的金属，经镗缸机镗过的缸套必须由磨缸机对表面抛光后方可使用。陈学庚又立即投入磨缸机的研究中，经过夜以继日的努力钻研，简易磨缸机被造了出来，缸套修复问题终于得到圆满解决。

紧接着，陈学庚开始了水力测功机的研制。水力测功机是发动机大修必备设备，是检验发动机大修后是否符合标准的一杆秤，没有水力测功机，拖拉机的发动机修理完成后，便不能进行必不可少的热磨合，更不能检测其工作部件及整体性能是否合格。

经多方打听，南疆农二师29团新购一台水力测功机，他和同事匆匆忙忙赶往南疆。找到那台设备时，他发现机器使用了先进技术，构造十分复杂，要想了解其结构，看一看摸一摸是起不了任何作用的，必须把它拆开来才能从外向里看个究竟。但29团刚买来这台新机器，而且就在陈学庚来之前刚刚安装起来，还没使用呢，能拆下来让他们看吗？29团修造厂的领导和技术人员念陈学庚从北疆远道而来不易，便同意了他们的请求，拆开了那台水力测功机。细看之后，陈学庚和同事如梦初醒，长久凝结于心的疑团顿时一一化解。他们抑制不住兴奋，连夜用黏土拓制出了那台水力测功机的关键部位结构，并绘制出图纸，准备回130团仿造。

然而，一百多天过去了，陈学庚与同伴倾心做出的样机试车始终没有成功。一定是对那台水力测功机的仿制不到位。陈学庚不甘心，再度前往南疆，计划对机器关键部位结构进行再了解。如何了解呢，当然还是老办法——拆机器，29团修造厂的技术员心疼那台水力测功机，连连摇头不肯拆卸。陈学庚觉得让人家再拆一次机器确实也说不过去，便提出能否多给自己一些时间，跟机钻研一下。同为兵团人，这个要求得到了29团人的准许。陈学庚和同事对那台水力测功机的结构逐一钻研了解，不放过任何蛛丝马迹，终于寻找到了问题的症结所在，原来这种水力测功机的原理是依靠两对相向安装的叶轮，将一个安装在壳体上，受力后根据作用力大小带动壳体倾斜一定角度，根据壳体倾斜角度的大小在指示盘上读出受力数据；另一个安装在主轴上，工作时与发动机连接，高速旋转。两对相向安装的叶轮由两片闸瓦隔开，打开闸瓦，叶轮表面相对，工作时互相切割水流，形成阻力。问题就出在闸瓦打开后两对叶轮未完全相对！他兴冲冲地返回130团，马上投入了研制中，水力测功机终于成功研制出来。

跨过研发的风霜雪雨，几年下来，陈学庚带着团队成功研制了镗缸机、磨缸机、水力测功机、C620车床、缸套离心浇注机、大型顶车机、土龙门刨床等设备。不大的厂子，共有100多台设备，其中有近三分之一是陈学庚的革新小组“捣鼓”出来的。

20世纪70年代的经历，为陈学庚后来的科研工作奠定了基础。从刚出校门的略知皮毛，到带领团队参加农业装备的研究开发并发挥作用，专业知识的掌握是人生最重要的环节。直到现在，陈学庚最喜欢做的事还是自己的“老一套”，无论在哪里都喜欢跑到当地的农业机械生产厂去转转，看看别人的产品质量、装备制造发展状态，或者去田间地头和农户聊天，了解新技术、新机具在使用中存在哪些优势和不足。因此，陈学庚也收获了“中专院士”“农田院士”等亲切的称号。

研发铺膜播种机，推动新疆棉花生产首次大提升

“天苍苍，野茫茫，风吹草低见牛羊”，这首古老的民歌，寄予了中国人对于大西北白云毡房、牛羊点点的意境畅想。但其实很少有人知

道，这一天高地阔的景色后，也蕴藏着无数农业科技人员的智慧和心血。

20世纪70年代末，新疆棉花的种植效率一直很低，一到每年春季定苗和秋季采收时节，兵团就全民投身棉花生产。但即便如此，1982年新疆棉花的种植面积也仅占全国的4.9%，总产量仅占全国的4%，兵团平均亩单产也仅有38.6公斤，远远低于全国平均水平。

一次，王震将军在日本考察时，了解到日本农业种植过程中采用地膜覆盖技术，对农作物的增产增收具有很大的助益。他回国时带回一卷地膜，送到兵团石河子垦区进行棉花地膜覆盖栽培试验，面积7.5亩。对比结果显示，施行地膜覆盖栽培的棉田增产幅度达到35%。这件事，轰动了全兵团。王震将军非常高兴，要求兵团大量推广地膜植棉技术。可受当时条件所限，地膜覆盖种植只能由人工进行，铺膜播种作业效率极低。1980年，全兵团的推广面积不到2万亩。

于是，陈学庚一头扎进了棉田，遨游在农机发明制造的广阔绿洲里。没有机械覆膜，而仅靠人工铺膜和播种，一天下来最多能完成0.4亩地的工作量。这样的操作方法解决一些小面积的试种尚可，如果对

陈学庚向参观者介绍铺膜播种机性能参数

大面积的棉田实施则是杯水车薪。一天干下来，宽阔的农田仍了无尽头，人只要望一眼远处的地头，便会全身没有了力气。同时，还出现了一个麻烦，因为要在地膜上点种，种棉的团场职工除了手持点种器一下一下地点种外，别无他法。人们埋怨说，这样的进度还不如以前的老办法快呢。牢骚刚发完不久，双手就被点种器磨得起了很多血泡，一阵阵钻心的痛迫使他们不得不停了下来。

问题怎么解决？兵团命令所属各植棉农业师局尽快组织专业技术人员攻关，解决地膜覆盖植棉机械化问题。很快，南北疆各植棉师局组建了10多个铺膜机研发组。没有经验可循，没有成品可鉴，陈学庚带领农七师130团地膜机研发小组，不分昼夜地摸索，一个零件一个零件地适配，对图纸一点一点地改动，“天马行空”尽情发挥自己的想象力。

一次，农七师要举行全师地膜机现场演示研讨会，可陈学庚小组初步研制出的地膜机，到会议举行的前一天晚上还没有调试好。无奈，大家只能再开来一辆拖拉机，打开车灯照明，在另一辆拖拉机上实验。百里农田，空荡旷野，两台拖拉机的轰鸣响彻夜空。第二天，现场演示十分成功。

天道酬勤。在农七师130团机械厂，陈学庚率先研制成功大型膜下条播机，可以进行播种、铺膜的联合作业，日功效达到150亩。这种大型膜下条播机的特点是先播种，后覆膜，待棉花出苗后将棉苗从膜内解放出来，然后对膜孔封土。

播种和铺膜的问题刚解决，但很快又出现了新的矛盾：用膜下条播机在膜下条播棉种，过一段时间出苗了，还是需要人工解放棉苗和膜孔封土。结果，劳力耗量十分巨大，并没有真正将农工从繁重体力劳动中解放出来，而且还出现了严重问题，膜下条播的地膜棉遭遇高温天气，人工来不及放苗，便有大片大片的棉苗被烫死。

问题出现，意味着新的“命令”又来了。陈学庚马不停蹄，又带领研发小组开始了膜上点播机的技术攻关。但攻关了很多天，在核心部件——穴播器的研发上卡壳了。

没有进展，人的心情也变得烦躁起来。一天，陈学庚憋足了劲，从早晨9点一口气干到第二天凌晨3点多钟，持续18个小时在工作室做试验，但仍然毫无进展。“穴播器的难题破解之法像一个朦朦胧胧的影子，似乎马上要显形了，却不肯露出真面目。”身体累、心情烦，无奈之下，陈学庚拖着疲惫不堪的身体回家睡觉，但躺下之后，又没有一点睡意。“必须睡一觉，否则第二天会因为精力不济而白搭上一天工夫。”到了清晨，陈学庚仍处于似睡非睡之际，而疲惫的脑神经突然变得活跃起来，很奇异地冒出了一个新想法，穴播器的难题随之迎刃而解。当时，陈学庚无比兴奋，迅速起床穿衣，忙不迭地跑到试验室，按照这个想法干了起来。实际上，解决穴播器难题的关键在于取种装置，做一个取种圆盘垂直安装到穴播器中不就可以精确取种了吗？这一方法操作很顺利，仅用了一上午，就攻破了穴播器的难题。

突破关键点，迎来新发明。不久，陈学庚便研制出了膜上点播机，先铺膜、后在膜上打孔点播，紧接着对膜孔进行盖土，多道作业程序一次性完成。膜上点播机效率高、作业质量好，使用方便可靠，深受人们喜爱。接着，“2BMS系列铺膜播种机”研究成功，实现了铺膜、播种的联合作业，一台机器班次作业效率相当于300个人工。这一科研成果填补了我国地膜覆盖栽培机械化领域的空白，实现了新疆地膜植棉机械从无到有的突破，大大提高了地膜覆盖栽培效率，推动了新疆棉花生产的第一次大幅提升。从1985年到1994年，新疆地膜植棉机械化推广面积达6890万亩，兵团棉农人均管理定额由15亩提高到30亩，兵团皮棉单产也由1982年的38.6公斤提升到1994年的82公斤。同时，铺膜技术与装备于1984年获评国家优秀新产品，获得国家重点新产品证书和金龙奖章，先后被推广到全国16个省市自治区。

这项成果在申报1995年度国家科学技术进步奖时，陈学庚仅申报了二等奖，可让他没有想到的是，最终评定结果揭晓时，竟然被“抬”了一级，获得了一等奖！

半个世纪，一方棉田。小小一朵白棉，凝聚了陈学庚等科技人员的智慧和心血，也是科技推进农业创新，发展现代农业的缩影。

发明滴灌精密播种机，填补世界同类机具空白

2014年4月29日，习近平总书记来到六师共青团农场新疆银丰现代农业装备股份有限公司（当时为“新疆银丰现代农机装备公司”）。在农机停放点，一台台现代化农业机械整齐排列着，总书记边走边看。当走到由陈学庚研制的膜下滴灌精密播种机前时，总书记问道：“国外有没有这样的机具？”“国外没有，这是我们自己创新研制的。”陈学庚向总书记作了简单汇报，总书记非常高兴。“总书记来的那天正好是我的身份证上的生日，我感到非常高兴。当时兵团车政委对我讲，把你的情况给总书记汇报一下。我当时想，既要汇报好的，也要把自己的不足汇报给总书记。我当时就说：‘总书记，我学历非常低，是四年制中专毕业。’总书记马上说：‘英雄不问出处，谁是英雄，战场上见分晓。’”陈学庚满脸幸福，“那天总书记和我谈了有5分钟，最后合影的时候总书记还找我一起来。我感到总书记对科技工作非常重视，这是

陈学庚给学生讲解播种机技术及装备

对我最大的鼓舞。”

作为一名“农田院士”，陈学庚的“战场”，就在尘土飞扬的田间地头里，就在火花飞溅的车间机床旁，就在堆满各种零部件的装配实验室中。要成为“英雄”，就必须攻克农业机械化中的一个个“堡垒”，搬开棉花生产现代化进程上的一个个“拦路石”。

到了20世纪90年代末，新疆棉花种植又遇到瓶颈，亩播种量4公斤至6公斤，大水漫灌，肥料利用率不到30%，加之人工成本高，使得利润更微薄了。对此，兵团提出发展育种、播种、灌溉等在内的“六大精准农业”，但遇到了新问题——在棉花精量播种、膜下滴灌、精准施肥、优良品种大面积推广等方面，都急需先进的农业机械设备作支撑，国内找不到能推广使用的相关机械，而国外的播种机械也只具备施肥、播种、种行镇压功能，不能进行铺设滴灌管、铺膜、膜上打孔精量播种等项作业。而且受限于当时的技术，棉花出苗后仍需人工定苗。再加上各团场种植棉花面积大，定苗的时间又只有15~20天，每年四五月份的定苗期，为赶时间，各植棉团场学校停课、工厂停工、机关停止办公，全员参与定苗，棉花地里人山人海。人们由此感叹，其他环节都机械化了，只有定苗这一环节还停留在原始时代。

这一难题必须彻底解决，而解决的方法就是研制出精量播种机。当时陈学庚已任新疆农垦科学院机械装备研究所所长，毫无疑问，这一艰巨任务落在了陈学庚的肩上。按照要求，一个窝只播一粒棉种，当时国内棉花地膜覆盖栽培还没有采用单粒精播，唯有自创发明。于是，陈学庚带领攻关团队一头扎进对国内外资料的查阅之中，随后制订了数套方案，逐一进行研究试验。“矮密早匀”是新疆棉花高产的关键农艺技术，为满足机器采棉条件下种植密度不降低的新要求，陈学庚提出了行距超窄配置新思路。

埋头搞科研，不觉时光逝。一晃到了2002年1月，陈学庚带领团队终于研制出了一组样品。当时，天山南北一片冰雪世界，处处天寒地冻，无法在田里进行播种试验。一番考虑，陈学庚找到一家条件适于操作的铸造厂，等工人下班后，在车间里用沙子当棉田，进行模拟播种。这样的仿真实验效果很好，把各环节的问题一一暴露了出来，同时让很多环节得到了验证肯定。陈学庚很兴奋，随即又循序渐进，加快了研发膜下滴灌精量播种机的速度。

滴灌精量播种机的核心部件——气吸滚筒式精量穴播器，其转盘式构件的复杂组成，让人眼花缭乱：铸造挡盘、压盘、皮带总成、挡种盘、中空穴播器轴、气吸取种盘……在一面直径50厘米的转盘上集中如此多的构件，就是精于此行的专家，也会在心里“打退堂鼓”，不敢轻易上手。但陈学庚敢想敢干，大胆尝试，不仅将诸多构件成功集中到了转盘上，而且能成功地运行，实现了下种精密、株距精确、使用可靠的膜上精量点播。

星光不负赶路人，时光不负有心人。奋战700多天，经过反复试验、不断改进，陈学庚终于研制成功新型精密播种机——膜下滴灌精量播种机，一次作业完成种床整理、开膜沟、铺滴管、铺膜、膜上打孔精量穴播、种孔覆土等8道作业程序，实现棉花人均管理定额突破100亩，一举获得7项国家专利，填补了世界同类机具的空白。2003年1月15日，精量播种机项目通过兵团科技局的鉴定验收，专家组一致认定成果达到国际先进水平。

然而，研发成功的喜悦却是短暂的。精播机具在推广时，遇到了麻烦。新机具由于是“精播”，一次只播一粒种，而人们习惯的传统播种方式却是播2~5粒，等苗长出来再定苗疏苗。传统播种方式的好处在于，能够提高保苗率，缺点却是需要重复劳动，额外增加了人力、物力和时间的投入。受传统种植方式的影响，人们“有钱买种、没钱买苗”的思想根深蒂固，顾虑重重，“单粒精播，虽然可以减少后续定苗疏苗的额外投入，可万一种下去的那粒种子成活不了，就将影响一年的收成。”甚至连许多团场的领导干部也认为风险太大，不愿贸然尝试。

面对困难，陈学庚没有退缩，他努力在实际生产中验证，用演示对比来推广。

2004年春播，科研团队在农一师推广棉花精量播种机，陈学庚和团队早晨从石河子出发去阿克苏，1200公里路程当天晚上就赶到，其间行车时间超过15小时。当时调整机具都是团队科研人员自己干，一季春播下来，现场讲课、现场演示会、出苗现场观摩会就进行了20多场，用事实改变了人们的传统理念。

在演示推广过程中，陈学庚遇到了这样一对父子，儿子愿意尝试精播机，父亲却坚决不同意。后来儿子拗不过父亲，只得按照传统的播种方式进行。结果出苗后，使用了精播机的人家，都不用再定苗，而这对父子，却只能趴到地里继续定苗。再次见到这个父亲后，对方连连点头："这个机器确实好，我们服了，明年一定要播单粒的！"

"几位当地棉农起初认为，三个兄弟肯定比一个兄弟力量大，当看到只播一粒，他们就惊叹怎么只有一个兄弟上场，还笑称'另俩兄弟生病了'，但看到对比效果后，他们心服口服。"陈学庚的助手高红教授说。

一年后，这一先进农机设备在全疆推广使用，进而促成了新疆棉花产业的二次提升，彻底改变了新疆棉花生产的落后局面。2006年，兵团732万亩棉花平均单产151.3公斤，达到世界领先水平。据统计，从2005年到2009年，仅兵团系统就推广精量铺膜播种机6649台，累计精播棉花面积达2420.8万亩，覆盖了兵团棉花总面积的82%，增收节支28.56亿元。2012年，新疆棉花种植面积占全国36.6%，成为我国最大的棉花生产基地。

在推广棉花机具的同时，陈学庚和研发团队又将这一农机设备的应用范围进行了拓展，成功开发出适用于玉米、甜菜、花生、番茄及滴灌水稻等作物的滴灌精播机，形成13个系列新产品，在全国多个省市自治区大量推广。这项成果荣获2008年度国家科技进步二等奖。

以梦为马，不负韶华。仰望星空、脚踏实地的奋斗者终会赢得丰收的果实，获得事业的奖章。2009年9月9日，对于陈学庚来说，也是一个终生难忘的日子。这一天，中组部、中宣部、人事部、科技部四部门在人民大会堂召开表彰大会，对来自全国各条战线上的50位杰出专业技术人才和30个先进集体进行表彰。陈学庚受到表彰，成为50位杰出专业技术人才中的一员。2013年，陈学庚也因在农机领域的卓越贡献，当选中国工程院院士。

实现生产全程机械化，数十万大军跨省采棉成历史

在不少人看来，整天跟数据、跟一堆冷冰冰的机械零件打交道，是一件枯燥而无趣的事。可对于陈学庚来说，这不仅不枯燥，还是一件快乐的事。“我喜欢研究、开发农机，越干对这个行业的感情越深，也乐在其中。”每当一项科研成果变成了产品，特别是被大规模应用，陈学庚就感到无比快乐。

把自己献给农机，把家庭“扔”给妻子。多年来，多亏了相濡以沫的老伴刘秀英，她用自己的默默付出，表达对陈学庚的理解、支持。陈学庚几乎整天忙着搞科研，一心只有农机，有时睡觉睡到半夜，突然来了灵感，穿上衣服就往工作室跑。由于陈学庚夫妻俩工作都忙，有次大女儿在土堆上睡着了，两人竟都没有发觉。刘秀英生二女儿时，产后大出血，被送进医院抢救，而当时陈学庚在厂里搞实验，完全忘了还在医院里的妻子和孩子。

回首往昔，正是这种近乎“痴”的状态，促成了陈学庚在农机科研上的一次次成功。

2018年，新疆棉花种植面积达到3700多万亩，占全国棉花种植面积的80%，已连续20多年位居全国第一位。这也意味着，传统的棉花生产方式已无法适应现实的生产需求了，只有继续依靠科技创新，特别是农机领域的现代化发展，才能带动新疆棉花产业乃至整个农业的新一轮飞跃。

在许许多多兵团孩子的记忆中，集体摘棉花的场景，或许会是一生中都难忘的“美好”回忆。住大通铺、吃大锅菜、背着重重的花兜等着过秤……“每年的5月定苗季和9月采收季，兵团就出现全民定苗、

摘棉花的盛况，还有数十万的内地采棉大军，从全国各地涌入新疆。”对有些人来说，采棉大军是一道独特的“风景线”，可对于从事农机研发的陈学庚来说，并不是值得炫耀的事情。只有实现了棉花生产全程机械化这个新疆众多科技工作者为之奋斗的目标，才是值得骄傲的。

经过多年的研究，陈学庚和团队发现，实现棉花生产全程机械化的短板，主要是机械装备不配套和农机农艺的结合存在不足。针对这一重大问题，陈学庚带领团队，以机械装备创新为攻关目标，从种子处理、种床整备、精量播种、脱叶催熟、机械采收、储运加工等环节入手，逐一攻克了关键技术装备的瓶颈，相应的装备制造产业紧密跟进，同时建立完善的棉花生产机械化技术体系，最终实现规模化推广应用，从而率先在国内实现棉花生产全程机械化。2016年，由陈学庚主持的“棉花生产全程机械化关键技术及装备的研发应用”项目荣获国家科学技术进步二等奖。

棉花生产全程机械化项目的推广，使棉花生产的用工大幅减少，生产成本大幅降低。2013—2015的3年中，全疆棉花全程机械化种植和管理模式面积达到了3829万亩，棉花机械采收面积达到2754万亩，棉花生产人均管理定额从过去的30亩扩大到100多亩，全程机械化体系初步建成。2014年，新疆棉花亩单产已提升为155.7公斤。

“衣被天下”，且看新疆。依托棉花原料和区位优势，新疆日益成为中国纺织服装产业投资最热、成本最低、发展最快的地区。

自立“军令状”，不把残膜回收难题留给子孙

“当选院士后我的第一感受是身上的担子重了许多，如不能继续做出成绩，就觉得对不起兵团的父老乡亲，对不起养育我的这方水土。院士是个平台，关键是要搭好这个平台，人才就会聚集过来，科研团队就会逐步壮大，科研工作的空间就会更加广阔。有院士问我：‘你在残膜回收这块是怎么想的？’我当时回答：‘我的余生就投入残膜回收中，一定不把残膜回收这个难题留给子孙后代！’”用机械化的方式

把地膜铺进地里，再用机械化的方式将残留地膜从农田中回收，绝不把残膜留在农田里，为了这样一个目标，陈学庚奔走在兵团广袤的农田里。

作为兵团农业机械化发展的见证者和引领者，新技术的落地应用，造福了无数职工群众，这虽然让陈学庚感到欣慰，然而近年来，环境治理和残膜回收问题成了陈学庚的心头之痛。

新疆是我国农田地膜覆盖栽培重点区域，在棉花、番茄、瓜类、蔬菜等作物上的使用率几乎达到100%，每年应用面积超过5000万亩，地膜使用量超过20万吨。

“地膜铺盖栽培产生的残膜污染对生态环境、农业可持续发展带来了阻碍，既然我们棉花生产能走在全国前面，农田残膜污染治理也能走在全国前列，为子孙后代留下一片净土！”当时，尽管已年近七旬，陈学庚还是再次给自己立下一个“军令状”——攻克农田残膜污染治理瓶颈。

其实在2013年当选中国工程院院士后，陈学庚就将自己的研究领域从棉花种植全程机械化转向农田残膜治理机具。仅2014—2016年3年间，陈学庚带领的团队就提出多种农田残膜治理新技术，研制出10多种残膜回收新机具。尽管成绩突出，但依旧不能彻底解决农田残膜污染问题。

这些年，陈学庚仍奔波于田间、实验室、课堂，用自己的行动兑现着承诺。在带领团队投入残膜回收机械研发的同时，2016年末，他又提出了农机、农艺、农膜相融合的新理念，从全产业链入手，综合施策，在升级农艺栽培技术、提升地膜质量、研发回收残膜的新型机具、可降解膜及地膜应用等方面，作出了一系列大胆的尝试和探索。特别是把回收的残膜进行二次加工处理，生产出其他产品，形成了一条地膜绿色应用的完整产业链，让世界同行惊艳叫绝。

陈学庚一方面不断试验高强度耐候地膜，以找出更适合回收降解并利于作物生长的新地膜；另一方面加紧研发更便捷、效率更高、回收率更高、更安全可靠的回收机。2017年，陈学庚带着研究成果，在石河子总场300亩的试验田进行了耐候膜试验示范，结果证实了这套原理的可行性。2018年，又将示范点扩大到了南北疆多地，种植面积也扩大到1万余亩。

打通关卡、实现关键技术创新，才能迎来一个个“高光时刻”。2018年11月中旬，中国工程院农业学部、农业农村部等联合在兵团举办“棉花农田残膜污染治理”现场演示研讨会，由陈学庚领衔，石河子大学与内地几所高校联合研制的两种型号自走式棉田秸秆粉碎与残膜回收联合作业机首次亮相，残膜回收率达90%以上，赢得了在场的国内专家和学者的高度评价。

2019年5月12日，常州汉森机械股份有限公司“陈学庚院士工作站”正式揭牌成立，将针对新疆农田残膜污染治理的实际需求，借助院士团队和企业的优势资源，从全产业链入手，将农机、农艺、农膜相结合，研发新型农田残膜回收机。

倾囊授本领，为兵团培养更多高层次人才

现在，只要没有重要的学术研讨会，陈学庚都会早早来到石河子大学机械电气工程学院三楼的办公室。办公桌上，国内外最新农业机械化发展的相关材料或研究报告总是摊开着，关注农业机械装备科技前沿和农业机械现代化发展态势是陈学庚每天的功课。

2017年底，陈学庚又有了一个新身份：石河子大学研究员。这让陈学庚的工作方式发生了根本变化，做好高层次人才培养，特别是指导青年教师进行科研，成了陈学庚工作的重点。他给自己定了一个目标，就是通过“传帮带”，为兵团的农业机械化发展培养出更多创新人才。

为什么选择石河子大学？陈学庚说，回首过去50多年，一直在基层一线工作，尽管取得了很多成果，但都没能静下心来做理论研究。为此，对他来说，就是要把“土八路做的事情”上升到“理论高度”。而

石河子大学是一所综合性大学，高层次人才聚集、学术氛围浓厚，对于总结、提炼过去的工作，静下心来做理论梳理，有很大的优势。

搞农业科研，是将论文写在田野上。对于习惯了奔波于田头与实验室的陈学庚而言，他不喜欢搞仪式摆“花架子”，而是直奔工作去干、追着问题去探究。2017年12月，没有欢迎仪式，陈学庚直接进入机械电气工程学院准备的院士办公室，开始了全新的工作。

“我是国家和兵团培养的科研工作者，理应把全部才华献给国家和兵团。过去，我都是带着人冲锋在农业一线，积累了不少的经验。今后，把这些知识传授出去，对我同样重要。”高校的首要责任是培养人才，选择石河子大学，也可将陈学庚自己多年所学知识和积累经验传授出去，让农业机械现代化后继有人。

早在1992年，陈学庚从调到农垦科学院开始，就注重培养后备技术力量，打造贴有“兵团农业机械研发”标签的团队。在陈学庚的言传身教下，这个团队团结向上、奋发攻关，辛勤耕耘在兵团大农业一线。如今二十多年过去了，经陈学庚之手，培养出的高级科技人才有40多名，其中国务院特殊津贴专家4人，百千万人才工程国家级人选2人，国家棉花产业技术体系岗位科学家2人，教育部青年长江学者1人，新疆维吾尔自治区优秀专家2人。陈学庚一手带领的“棉花生产全程机械化技术创新团队”荣获2017年度“神农中华农业科技奖优秀创新团队奖”。

“独木不成林，个人的力量再强大也是难以发展的，依靠少数人单打独斗的时代已经过去了。可以说，优秀的科研团队是农业现代化的希望。只有组建一支强大的团队，大家拧成一股绳往前冲，才能取得成功！”为此，近两年，陈学庚除了研发攻关外，还经常带领团队前往全国各地的学校、企业交流和学习，以互学互长、共同提高、屹立前沿。

农机的轰鸣声逐渐响彻广袤的田野，播撒下收获的希望。农机是农业的垦荒者，它们解放农民的双手，换下疲惫的耕牛，与万千农民一起在农田留下车辙，滴下汗水，一辆农机能带给农民的价值正在于此。英雄不问出处，勇者不问前路。“只有实现了农业机械化、农机装备现代化，才会有农业的现代化，才能建好农业强国”，作为西部地区的技术人才，陈学庚深感使命光荣、责任重大。在新的起点上不忘初心、牢记使命，唯有继续奋斗在田间地头和实验室，倾注更多心血来带领团队，指导青年教师专心科研，努力研制出更好、更适合兵团的农业机械，为让更多科研成果惠及广大群众，促进兵团乃至全国农业绿色高效发展贡献力量！

“新疆有馕饼，泰兴有黄桥烧饼，口味不同，不过都是家乡的味道。”陈学庚扎根边疆60年，虽然乡音已改，但乡情难忘。

多年来，陈学庚和江苏大学、江南大学、南京农业大学等多所江苏高校都有着密切的交流和合作。“这些高校离泰兴都不算远，可以顺路回家看看。”陈学庚说。

在陈学庚上小学的学校门口，有一颗几百年的银杏树，他每次回家，都要在树下静静伫立——这棵树，铭刻着童年的印记，也寄托着浓浓的乡愁。

陈学庚就读小学门前的银杏树

“我过去上小学的学校，就是白果树底下一个庙，学校就在庙里边，我在这儿一直读了6年书。白果树很大，可能有三四百年了，树干的直径，三个人也抱不过来，可能要四个人手把手才能把它搂过来。有一年我们正在上课，突然天阴下来了，感觉天比傍晚还要黑。过了一会儿一声炸雷，把白果树一个很粗的树干给切断了。打完以后，马上天气就转晴了，过一会太阳又出来了。”童年的记忆，在一个古稀游子的脑海中依旧清晰如昨。“过去回趟老家太不容易，要坐三天四夜的火车，下了车腿都是肿的，所以好多老乡到现在都没回过老家，但泰兴是我们的家乡，是我们永远的根！兵团也是我的家，是它的千里沃野，给了农机驰骋的天地，也给了我奔腾的舞台。”

让大家从手握坎土曼的辛苦劳作中解脱出来，是年少的陈学庚最简单的愿望。60多年的光阴，从青春到华发，那个从扬子江畔走出的少年，带着对家乡、对国家的爱，脚踏实地、勇于求索、奋力前行。

（耿渭华　搜集整理）

相关资料索引

[1]人民资讯网之《陈学庚：我要把全部才华献给兵团》，2021年11月

[2]兵团胡杨网之《陈学庚：一辈子专心做好一件事》，2022年4月

[3]环球网之《半个世纪 一方棉田》，2020年6月

[4]共产党员网之《“农机战士”陈学庚》，2020年12月

夏照帆

夏照帆，中国工程院院士、一级教授、海军军医大学(原第二军医大学)第一附属医院烧伤外科(国家重点学科、“211工程”重点建设学科、上海市烧伤急救中心、上海市医学领先专业重点学科)主任，全军休克与器官损伤防治重点实验室主任，第二军医大学全军烧伤研究所所长，主任医师、教授，博士生导师，专业技术一级。是国家杰出青年科学基金获得者、国家百千万人才工程第一及第二层次人选、教育部“长江学者奖励计划”特聘教授、“全国巾帼建功标兵”模范医师、全军首批高层次科技领军人才和优秀共产党员、“军队院校育才奖”金奖获得者、原总后勤部“科技金星”获得者，获“上海市科技精英”称号，担任中华医学会烧伤外科学分会主任委员、国际烧伤学会前执行委员兼东亚地区代表、上海医学会常务理事和烧伤专业委员会主任委员、全军医学科学技术委员会常委和烧伤专业委员会副主任委员、《中华烧伤杂志》副总编、《中华医学杂

志英文版》编委。

夏照帆院士从医执教45年，致力于烧伤疾病的临床诊疗、教学和基础研究工作。20世纪80年代首次证明烧伤休克细胞能量代谢障碍假说；率先发现皮肤成纤维细胞释放IL-6在烧伤后全身炎症反应中的重要作用；最早提出烧伤休克延迟复苏造成重要脏器损伤的三条病理途径；构建真皮替代模式突破传统植皮手术瓶颈，减少了供皮区损害，提高了瘢痕性关节功能不全恢复率；建立肺损伤系统控制技术，烧伤复合肺损伤的救治成功率领先国际。先后主持国际合作重大课题、国家科技支撑计划课题等20余项；获国家发明专利授权8项；以第一或通讯作者发表SCI论文91篇；获得包括国家科学技术进步一、二、三等奖在内的16项国家及省部级科技奖励。近年来带领团队参与30余次重大事故和灾难性事件的烧创伤救治任务，其高尚医德和精湛医术受到社会各界的高度赞扬。

1972.9—1976.6 第一军医大学，外科学(烧伤)，学士学位

1976.6—1982.2 解放军第92医院普外科医生

1982.2—1985.1 第二军医大学，外科学(烧伤)，硕士学位

1985.1—1988.2 第二军医大学，外科学(烧伤)，博士学位

1985.2—1989.2 第二军医大学附属长海医院烧伤科主治医师

1990.1—1992.2 美国得克萨斯大学，博士后

1989.8—1994.12 第二军医大学附属长海医院烧伤科副主任医师、副教授

1994.12至今 第二军医大学附属长海医院烧伤科主任医师、教授

2006.3至今 第二军医大学全军烧伤研究所所长

2010.12至今 第二军医大学全军重点实验室主任

映日竞帆 济生方舟

——记烧伤医学专家夏照帆

任务来临那一刻院士就是战士,必须召之即来,来之能战,战之能胜!

——夏照帆

她传承了父辈军人的壮志豪情,勇立世界烧伤医学的峰巅,以精湛医技修复伤残的躯体,以慈悲情怀抚慰灼痛的心灵,用青春和智慧书写着至善大爱,她就是人间天使、华夏名医夏照帆。

军人后代 参军从医

坐落在扬子江北岸的泰兴,绿畴如烟,人杰地灵。20世纪上半叶,波澜壮阔的中国革命给这方热土打上了红色的烙印。位于泰兴腹地的夏港和常家庄,一对名叫夏承祖和常如珍的恋人,在党的感召下,参加了新四军。他们几经转战,于解放战争结束后跟随部队落脚福州。这对有志青年就是夏照帆院士的父母亲。

1954年3月16日,夏照帆在福州出生。一个像春天一样妩媚的天使降临人间,令夏承祖的部队首长和战友们既喜爱又羡慕,时任福州军区司令员叶飞轻捻着夏照帆的小辫子,连声夸赞:“小姑娘好漂亮哟！”夏照帆出生在军旅之家，父亲的文韬武略，母亲的慧慈秀雅，军营的威武铿锵，氤氲了夏照帆的非凡气质，还不满15岁她就选择了参军。

夏照帆工作照

20世纪六七十年代是一个特殊的时期，进入部队几乎是所有孩子最为浪漫的梦想，但刚进入军营的夏照帆就经历了人生的第一次选择：新战士训练结束后，一部分去机关，一部分去医院。虽然父亲是部队干部，但“服从分配”成了她唯一的选择。

解放军92医院原是新四军苏中军区一师三旅后方医院，先后参加过淮海战役、渡江战役、淞沪战役及解放福州、厦门等著名战斗，曾被授予“打不烂、冲不垮先进集体”称号，涌现出近百名战斗英雄。15岁的夏照帆被分配到医院，但是她的岗位，却与医疗技术几乎不沾边，成为病号灶——一个特殊岗位的“伙夫”。一位干部子弟，每天在这里洗菜揉面做馒头，竟然成了大师傅眼里最能吃苦的人，80斤重的黄豆玉米扛在肩上行动自如。

一年后，夏照帆从后勤“伙夫”转为病区的卫生员，负责患者的护理工作。接着，她到检验科做检验员。两年之后，她被推荐到第一军医大学开始接受正规的医学教育。

1976年，22岁的夏照帆即将学校毕业，一段正值花季的年龄，在第一次实习期每天要面对一个个烧得体无完肤、面目全非的畸形人，一向最爱干净的她，要经常为红白粘连的血肉敷药、为恶臭焦痂的创面清洁。正是革命前辈“打不烂、冲不垮”的精神，让一位纤弱的女子，敢于直面最不忍目睹的患者，她选择了烧伤学科。

人类的生存离不开火，而烧伤也就一直如影随形。

烧伤学科通常被称为“烧伤外科”，烧伤伤员，尤其是严重烧伤伤员，不仅需要外科治疗，往往同时还需要必不可少的内科治疗、康复治疗、心理治疗等等。一些复杂、严重的烧伤还总是需要多学科联合治疗。烧伤科有高强度的工作、高难度的技术，更有一般人承受不了的精神折磨。在一般外科，病人带着痛苦进来，尔后痊愈康复，愉快地回家，而在烧伤科，很多病人都遗留严重的疤痕和残障，愁眉苦脸地回家。烧伤留下的后患，就像一块压在病人胸口的石头，让他们在往后的生活中仍然透不过气来。

怎样祛除这个后患，是烧伤医学需要攻克的难关，也成了压在夏照帆心上的一块巨石。

学习和钻研是提升自己医术的最佳途径。夏照帆白天做手术、查病房，晚上挑灯夜读，累了，在床边靠一下，倦了，用凉水洗把脸。在解放军92医院的9年里，她很少看电影，很少上街，以至于在她考取研究生后，伙伴们送她去火车站时，她竟然认不出走过的街道。

1985年，夏照帆进入第二军医大学附属长海医院，她在医疗实践中细心体察到了关键问题：烧伤患者是皮肤组织受伤，但是会出现呼吸功能不全、肾功能不全、心功能不全，而且出现全身高代谢的状态，这在当时属于治疗上的瓶颈。烧伤患者过的第一关是休克关，那么休克的本质性问题是什么？不清楚。有很多证据显示，休克在细胞水平上有很多变化，包括细胞能量代谢障碍的问题、细胞内外离子分布的问题、膜电位改变的问题、膜的通透性变化的问题等等，这些都是以往没有被发现的。

夏照帆边实践边研究，三年之后，在著名烧伤外科专家方之扬教授指导下，获得博士学位。1990年，夏照帆又以访问学者的身份，只身赴美国得克萨斯大学医学中心求学，攻读博士后。

远离祖国和亲人，夏照帆将思念与寂寞深深地埋藏在心底，如饥似渴地汲取知识营养。自强不息的禀赋和晨昏不辍地耕耘，使夏照帆的医术突飞猛进，不到一年，她就在美国烧伤界最权威的期刊*Journal of Burn Care & Research*上发表了论文。几年后，夏照帆教授在烧伤休克的理论研究和防治实践中取得了突破性的进展。她建立了可同时检测烧伤休克动物重要脏器细胞膜功能、离子代谢和能量代谢的体内多核磁共振波谱技术；提出“烧伤休克延迟复苏引起再灌注损伤”和“烧伤休克延迟复苏应与细胞保护措施同时进行”的论点；揭示了造成烧伤休克延迟复苏失败的三大病理因素。1992年，她应邀分别在第24届美国烧伤学会年会、第53届美国创伤学会年会以及美国大学外科医生协会年会上报告了研究结果，在国际烧伤界引起普遍关注，并得到后来许多实验研究的支持。在以后的临床实践和推广应用中，烧伤患者严重内脏并发症发生率由47.5%降至23.3%，治愈率由77.5%升至90.0%。

如何让烧得面目全非的皮肤能够宛若新生？夏照帆把研究方向拓展到了创面修复领域，大胆探索可以替代人体真皮组织的人造皮肤，她和团队成功研制出微孔化异体无细胞真皮替代物，提高了移植物的存活率。这对治疗增生性瘢痕十分理想，首次用于大面积电烧伤者的皮肤修补即大获成功，被国际医学界誉为又一大创举。

成果层出使夏照帆教授得到了国际著名烧伤专家的由衷赞赏。1994年学习结束，导师凯瑞科教授希望这位“最优秀的中国留学生”能留在美国，相信其“定会征服世界”，但夏照帆还是选择了回到祖国母

夏照帆在美国

亲的怀抱。她耀眼的才华,使其成了美国得克萨斯大学医学中心历史上第一位外科华人女客座教授。

20年后,夏照帆在中国以中华医学会烧伤学分会主任委员的身份主持学术年会之际,邀请了导师参加活动,此时已出任过国际烧伤学会主席和美国烧伤外科学会主任委员的老师依旧连声夸赞:“我确实为她(夏照帆)感到骄傲!”

原二军大二级教授葛绳德先生这样评价夏照帆:“夏照帆教授在医学科学的学术擂台上,经历连续数年的努力拼搏和艰苦奋斗,终于如愿以偿,一举拿下科学界顶级桂冠。夏教授申报院士的历程是漫长的,也是十分艰苦的。她的努力和拼搏不仅为了她自己,殊荣也不仅属于她本人。这一来之不易的殊荣更属于国家和军队,属于第二军医大学和长海医院,也属于烧(创)伤外科和烧伤外科学术界,还属于她的家庭。从攻读研究生时起,夏照帆就显示出一种刻苦求学和学无止境的风格。在她身上体现出一种坚韧不拔的作风和精神。在其后的漫长岁月中,更表现出勇攀高峰和不达目的永不罢休的英雄气概。多少个日日夜夜的努力奋斗,数十年的潜心治学和顽强拼搏,如今终于如愿以偿。长海医院的第一个成名科室烧伤外科,将随着夏照帆教授当选院士而进入高层次的学术殿堂,烧伤外科也将会因此获得更多机遇,重振昔日雄风。这一喜讯,也是对夏照帆博士研究生导师、已故的长海医院烧伤外科创始人和开拓者方之扬教授的最大慰藉与回报。联想到17年前,在我主持召开的第四届中美国际烧伤创伤会议中,我和美国西南大学达拉斯医院创伤研究所Dr. Horton (夏照帆在美国的第二任博士后导师)交谈时,她说,夏照帆很刻苦,一心扑在研究工作上,是个研究论文的高产者。几句评语勾画出一个学者成长的过程,揭示了夏照帆一步步迈向学术巅峰所历经的艰辛历程。”

夏照帆长期在国外留学,长期夫妻分居,无法关怀呵护孩子,特别是她出国不久,父亲就因车祸病危,还有很多很多人生琐事,作为一名女性，个中的困难和无奈，恐怕只有自己知道。而夏照帆却能承受常人难以想象的压力，几十年如一日，秉烛苦读、勤奋治学、夜以继日地在临床和实验室工作。她的成功，是不惜牺牲自我而赢得的。

秉德擎术　扶危救伤

夏照帆大学毕业前夕，到湖南某煤矿医院实习。当地一个煤矿发生瓦斯爆炸引发大火，一名17岁女孩烧伤面积超过70%。青春容颜不再，少女失去信心，不愿配合治疗，情况危急。夏照帆心急如焚，昼夜守在病房外，随时观察、处理病情，碰到疑难问题，就向老医师和书本取经。在一个多月的时间里，夏照帆采取了各种办法，和少女聊天、讲故事，帮她恢复信心，终于将少女从死亡线上拉了回来。这次经历，让原本想选择内科专业的她，决心在烧伤外科干出一番事业。

若要评选"胆子最大"的医生，烧伤科大夫应该是第一。他们接诊的患者往往面目全非、形容扭曲。20世纪30年代，电影《夜半歌声》上映，男主角宋丹萍烧伤后的脸，竟吓死了一名观众。

若要评选"最苦最脏"的医生，烧伤科又拔得"头筹"。尤其是夏

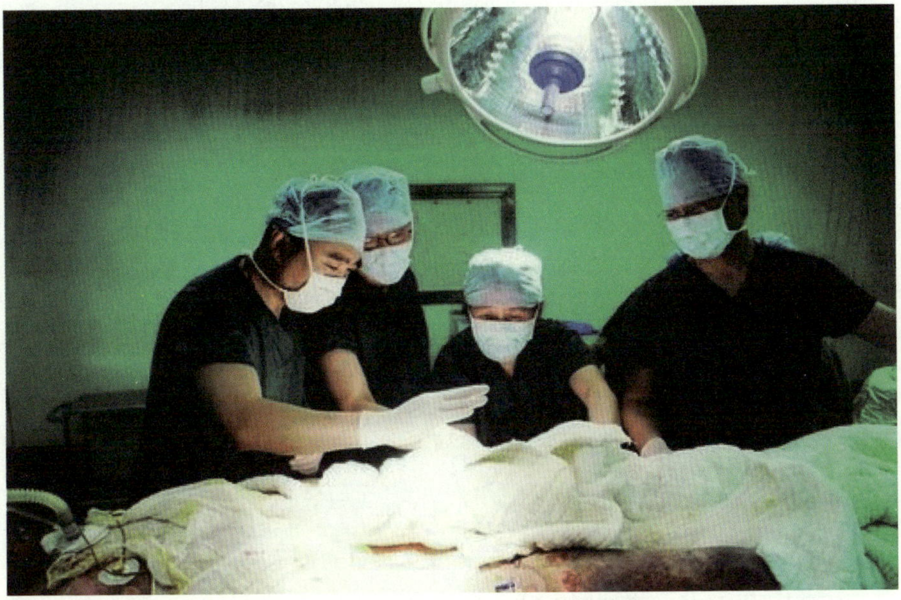

夏照帆在手术室抢救烧伤病人

天，打开敷料，恶臭让人窒息。从最初看到蟑螂都会跳脚，到一头扎进烧伤专业，夏照帆义无反顾、苦干了45年。“柔能化刚”，她的心一定是温柔到了极点，才能如此刚强，去面对、触摸、修复种种惨状。

烧伤科是一个要随时准备应对灾难性突发事件的科室，对此，夏照帆院士主持制定了救治突发成批烧伤伤员应急预案。她说：“伤情就是命令，抢救就是一场攻坚战！只要有百分之一的希望，我们就要尽百分之二百的努力。”长海医院烧伤科外科执行主任朱世辉教授深有体会，他说：“十五分钟到半个小时之内，医生必须全部到位，在急诊室等候，患者一到就马上进入抢救程序。”夏照帆还提出，严重烧伤救治需要解决两方面问题，一是提高治愈率，让更多患者迈过鬼门关；二是注重瘢痕的防治，降低残疾率，让患者都能“美起来”。

夏照帆是国家烧伤医学界首位也是唯一一位女院士，同时又是一名白衣女战士。每逢要扛起救治重任，总部总是“钦”点夏照帆。一次次意外事故，召唤她和团队“临危受命”直奔火线，多年来哪里有险情，哪里就有她的身影。年过花甲的她，常年像年轻人那样冲在第一线。她用慈心仁术，让一个个被烈焰吞噬过的机体和心灵起死回生。

2005年，台风“麦莎”袭击上海当天，她带领团队连续作战，一刻不休地救治了118位化学烧伤人员。

2009年，四川成都发生公交车燃烧事件，她带领抢救小组赶赴当地，全力施救，硬生生地将3名脏器衰竭的伤员抢出死神之手。

2013年，昆山某企业发生金属粉尘爆炸事故，她从外地会场直接赶赴昆山事故一线，连续奋战20多个小时，先后抢救了6批共10名重度烧伤患者。

2015年，天津滨海新区突发爆炸事故，她连夜抵达天津，拎着行李直奔病房。在抢救伤员的数个日夜，她每天只睡3~4个小时，吃饭时间不超过10分钟。查房、会诊、手术、陪护，一颗心全系在伤者身上。

…… ……

身旁的医务人员都劝她，用不着这么拼，作为院士，在一旁指导就可以了。可她就是不听，几乎什么都亲自上手。在对重烧伤者做四肢扩创手术前，她柔声细语地挨床询问休息情况，特意叮嘱麻醉师放缓注射速度，甚至弯下身子亲自查看尿量。她用女性医者的细腻，温暖着每一名伤者。

运用“水刀”开展精准清创手术，是夏照帆研发的一项国际先进的医疗技术。一位三度烧伤达75%的重伤员，由她借助高压水流对受损肌肤进行选择性清创，极大地减少了出血量，使交叉污染的概率最小化，不仅让危及生命的病情趋于稳定，而且连烧伤的体表也逐渐恢复。

很多一流大夫都无奈地自叹是不称职的父母，夏照帆也是如此。晚上十点多，长海医院烧伤科主任办公室的灯总是亮着。儿子考大学时，夏照帆本想请3天假好好照顾，但就在考前一天，3位危重患者从福建用飞机转运到长海医院，夏照帆吃住在病房，20多天没有回过家。

在上海“11·15”火灾发生当天，夏照帆正在医院拔牙。接到首批危重病人后，她和其他医生连续48个小时没有合过眼。在此后20余天的废寝忘食中，她和同道们为19名危重病人做了细心周到的检查和治疗。在病人经历“严重吸入性损伤”的“鬼门关”口，她更是不眠不休陪护到底，直至再无危险发生。她相信自己的医术，在她的辞典里，甚至不能容忍“死亡”二字出现。那场火灾伤员中，年龄最小的靓靓才三岁，劫后余生给这个幼小心灵蒙上无尽阴影，揪心地哭个不停。夏照帆把她搂在怀里，像对待自己的孩子一样陪在身边耐心地哄逗，和风细雨般安抚，小女孩最终欢笑着康复出院。

“睡几个小时就会耽误病人一辈子啊，闭上眼全是这些火海里抢来的生命，让我如何能合眼！”夏照帆说。“现代生产安全事故和恐怖活动极易造成大批突发烧伤事件，任务来临那一刻院士就是战士，必须召之即来，来之能战，战之能胜！”这是一名军龄45年老兵铭心刻骨的“执着”。

熟悉夏照帆教授的人都说，她是一个为了患者可以什么都不顾的“工作狂”。不管什么时间，只要在病房里，你总能看到她风风火火的身影和对患者的满面春风。

“那些被烧得面貌‘狰狞’的，大都是工人、幼儿和老人。”夏照帆动情地说，“有些伤者的不幸经历，我已听了10多遍了，但仍要用心去倾听、用爱来开导。”她与被烧伤的病人交朋友、解心结，不仅履行医者职责，还甘当“心灵导师”。这些年，夏照帆及其团队使2万余名患者回归了健康生活，她既医伤又治心，用自己的光和热为他们点亮了生命的春天。

多年来，夏照帆院士在提高治愈率和降低致残率方面双管齐下，主持研发了一批烧伤修复新技术和康复器具。她成立了互联网专家团队，通过互联网手段帮全国各地患者解决难题。

夏照帆这样总结自己的工作心得：“做一个优秀的烧伤科医生，至少需要两个素质，一个是对患者的仁慈和关爱之心，你要设身处地理解他们的痛苦，才会有动力想方设法去帮助他们；另一个是要有为工作克己奉献的精神。无论是做临床，还是搞科研，没有这两个基本素质，很难做出成绩来。”

在公众的视野中，企业家和明星才是社会慈善事业的主角。其实不然，像夏照帆院士这样的医学专家，把对社会的慈爱与奉献，永远都排在第一位。2015年，天津海滨新区“8·12”爆炸事故发生后，夏照帆积极响应烧伤学界泰斗盛志勇院士的倡议，和王正国、付小兵四位院士组成“盛志勇烧烫伤慈善基金会筹备委员会”，捐赠数千万元的医疗救助物资。

面对患者，夏照帆如同一位慈祥的母亲。这是一位烧伤青年写给夏照帆的信，字里行间，倾注了对她的感恩之情。

“夏妈妈：您好！当我写这封信的时候，脑海不禁回忆起当时入院的一场场一幕幕。感激的心情无法用言语来表达，眼角不知不觉慢慢泛红。忘不了夏妈妈您下班不回家，不分昼夜守护在我的身边，忘不了您床前床尾辛苦地忙碌，更忘不了炎炎夏日里您分析讨论汇总病情的投入。当然，我也忘不了和您在一起的快乐和美好。我全身90%以上重度烧伤，6月7日我被送到贵院烧伤科抢救治疗。这次烧伤也许是我人生中最不幸的事，但遇到夏妈妈和您的团队是我这一生中最幸运的事情之一。我还隐约记得由于我的浮肿特别厉害，情况紧急，当天晚上经过医术精湛的夏妈妈、朱世辉教授以及全体救治团队共同努力，手术非常成功。后来我又被安排在重症监护室监护。由于我当时情况极不稳定，随时有生命危险，夏妈妈的团队24小时看护，逐一排除了我身上的'炸弹'。当我一次次和死神搏斗的时候，是您在我身边给我鼓励，给我活下去的勇气，那时的我只能听到您的声音，后来只要听到脚步声我就能知道是您，您的看望是给我的最大鼓励。经过几次大抢救以后，我的病情逐渐好转，久违的光明又重现在我的眼前，当我再次听到熟悉的脚步声、看到站在我面前的夏妈妈时，我的心里不知有多兴奋，您就像一位慈祥的母亲，永远对自己不幸的儿子关爱万分、不离不弃……感谢您让我获得了新生，让我拥有现在幸福美满的家庭！——您的儿子柯潘继。"

医林之花　绽蕾吐芳

夏照帆在第二军医大学附属长海医院工作生活了四十多年。她既是一位名医，又是一名军人，高洁优雅的品质，果敢勇毅的性格，严谨细致的作风，成就了她所奉献的烧伤医学事业，如同一朵理想之花，尊贵、娇艳而又清纯，在医林尽情绽放。国内各地医学院校和各大医院纷纷邀请夏照帆前往讲学和现场指导。

2016年10月20日，"福建院士专家宁夏行"活动在银川举行，包括夏照帆、赵玉芬、林东昕在内的3名院士及国内多名专家齐聚塞上，开展项目合作、学术交流。

在宁夏，夏照帆说："烧伤外科属于军事医学灾难医学范畴，我们必须积极研究一些新的技术、新的理论，来提高对烧伤患者的治疗效果，并加强对烧伤的防护。对于宁夏地区，因周边交通还不是很发达，所以特别需要我们加强自身建设，加强学术交流，在发生突发事件的时候，尽其所能地提供技术指导和帮助。”

2018年7月，夏院士在接受媒体采访时说：“烧伤和创伤病人的救治有三个不同于其他伤病救治的特点：一是突发性，很紧急，没有时间让你去考虑，去做预案，我们平时必须做一些准备和演练，到时候才能应对紧急情况。二是伤势的复杂性，有皮肤的烧伤，有气道的吸入性损伤，有肺部以及其他内脏的爆震伤，有爆震引起的颅脑伤等等，这些复合的、重叠的伤情，要求我们救治烧伤和创伤的医生，必须有鹰一样的眼睛、有狮子一样的胆识、有少女一样柔软的手来救治病人。三是理论性和实践性相结合的程度非常深，怎样用理论来很好地指导实践，这是一个很重要、很持久的课题。”

2018年，夏照帆当选第十三届全国政协委员。她时刻心系烧伤患者，提交了《构建军民融合创伤救治体系，提升我国创伤救治整体水平》的个人提案，建议通过整合军、地创伤救治优势资源，构建国家创伤救治新体系。创伤是我国青壮年的首位死亡原因，每年因创伤死亡人数高达70~80万人。夏照帆说：“轻伤致残、重伤致死比例过高，表明我国创伤救治水平还远低于发达国家，存在很大的提升空间。”她在提案中指出，时间是创伤救治中非常重要的因素，伤员创伤后前1小时在临床上称为“黄金1小时”，在这个阶段内进行的现场急救、途中转运、急诊救治十分关键。在“黄金1小时”内，前10分钟起着决定性作用，被称为“白金十分钟”。她认为这些理念仍未深入人心。同时，各医疗机构救治标准不统一，救治方案存在明显差异。为此，夏照帆在提案中建议，建设三级创伤救治中心，构建以国家级创伤救治中心为关键节点的覆盖网，各级创伤救治中心按救治层级分别组建创伤专科。不仅如此，她还建议分阶段建设我国创伤救治智库，实现全国性创伤救治学术及管理情报信息储备、分析和决策功能。

2018年8月19日，是中国首个医师节。中国医疗保健国际交流促进会互联网医疗分会，在微医平台举办“感恩有你身边好微医”全国推选活动，夏照帆院士荣获“10位拥抱互联网的医学大师”称号。

夏照帆在家乡建立院士工作站

2019年新年，北京会议中心。夏照帆院士在会议的间隙，不断回答周围记者的提问。渐渐地，记者采访会成了病情咨询会，许多人向她探寻疤痕康复的专业知识，她不厌其烦地解答，这时候，她更像一位自家的大姑，叮嘱了再叮嘱，解释了再解释。

成绩卓著，不仅是对其个人奋斗的高度褒扬，也是对其工作事业的最为妥帖的总结。事实上，在烧伤外科领域，这位女院士的名字已足够闪亮。2018年8月，在第二届国家名医盛典上，夏照帆荣登"国之名医"榜单。

2016年12月25日，夏照帆院士工作站在泰兴市人民医院挂牌成立。夏照帆院士表示，为能够在自己的家乡建成院士工作站感到荣幸，在今后的工作中，将会竭尽全力帮助家乡更好地发展医疗卫生事业，支持医院人才培养、科学研究等工作，为培养更多的一线临床经验丰富的医生作出积极贡献。

此后的数年里，只要家乡百姓一有召唤，夏院士再苦再累，也要随时帮助病患者解决难题。2020年1月13日下午，泰兴市高层次人才合作促进会在上海召开了上海泰兴籍精英座谈会。夏照帆院士因坚守在工作一线，未能出席座谈会。为此，市高层次人才合作促进会负责人专程前往长海医院，拜会了夏照帆院士。夏院士面对摄像镜头，深情地表达了自己的心愿："向我的乡亲们拜年，祝你们新年快乐，幸福安康，日子越过越红火！"

曾经有一名小患者问夏照帆："医生阿姨，你最喜欢什么？"夏照帆回答："我喜欢花，因为花开的时候，用它绽放的微笑点缀着世界；香洒人间之后便孕育厚重的果实，留下希望的种子，医者如花，馨芳生命，花谢之后，孕育明天。"

团队标杆　时代榜样

细数夏照帆所获得的琳琅满目的各种奖章，其中一个形似翻开"金箔书"的奖牌——"军队院校育才奖·金奖"格外抢眼。

海外归来后，夏照帆院士就担起了科室学科带头人的重任。她发现科里年轻医生缺乏临床经验，就有意在工作中让大家多参与医疗救治；遇有重大的抢救和疑难险症，就将年轻人召集过来，手把手地把技术和临床知识传授给他们；每天早交班，她会让年轻医生一个个汇报各自负责的患者的情况，并提出下一步治疗的想法，逐步让他们挑大梁；遇到有把握的手术，夏照帆院士就让年轻人上台，自己在旁边指导，让他们在实践中丰富临床经验。

夏照帆院士还要求年轻医生在重视患者成活率的同时，更要注重救治的质量，她逐一把年轻医生送往骨科、整形科、普外科、麻醉科等科室进行轮训学习，拓宽了他们的知识面，帮助他们全面成长。功夫不负有心人，这支战斗在临床第一线的队伍先后荣获国家科学技术进步一等奖、二等奖以及国家发明专利十多项，年轻的学术骨干中已有1人成为上海市烧伤学会副主任委员，1人成为上海市优秀学科带头人，2人成为全军烧伤专业委员会委员，3人成为中华医学会烧伤外科分会委员和青年委员。医院在特重烧伤患者的救治方面，成功率远远高于发达国家。

2016年4月28日,夏照帆和父亲夏承祖、母亲常如珍、弟弟夏立平参观泰兴市文化博览中心

学生的每一点进步,每一次成长都倾注着夏照帆院士的心血。她恪尽职守、精益求精的治学态度和工作作风也深深地影响着她的每位学生。正因如此,她的学生中涌现出一大批爱岗敬业的青年才俊,许多学生成为各地烧伤科的学科带头人和业务骨干,更有多名学生获得了诸如全国百篇优秀博士论文提名、上海市优秀博士论文、上海市优秀学科带头人、校和院优秀青年科技工作者、优秀青年医师等成绩和荣誉。2010年,她的学生又有5人获得了"国家自然科学基金"的资助,1人获得上海市科技启明星计划的资助。

在2010年中国第26届教师节来临之际,原总政治部授予夏照帆教授"军队院校育才奖·金奖"。这项荣誉是对她四十年不懈耕耘、三十载辛勤育人,为军队培养年轻的后备人才的肯定。

"她只会教诲,从不训斥,涓涓细流、润物无声般的启发引导,总是包含着对我的肯定。"学生马兵说。夏照帆始终认为这么多年来,这个集体"合上书本叫学科,挽起手来是团队",是大家的左膀右臂帮扶着她。国家重点学科、全军烧伤研究所、全军重点实验室、上海市烧伤急救中心……一连串的名号，根源在于她"激活"了团队，团队也成就了她。"一个人强只是个体，所有人都强才是团队"，夏照帆有着高瞻的大局观和执着的团队理念。

烧伤科学生吕开阳——

天天做的简单事，她都会看在眼里。

欣闻导师夏照帆教授当选中国工程院院士，作为长海医院烧伤科的一员，更作为夏教授的学生，内心的欣喜与激动难以言表。

2004年，我从海军部队考取夏教授的硕士研究生，记得第一次拜师时，我紧张而激动，见面就敬了一个标准的军礼，夏教授立刻给我还礼，笑着说："小吕，不要紧张，欢迎你！"她招呼我坐下，并起身倒水给我喝，我心里的紧张一下子完全消失了。我没想到一位著名的专家教授原来这么平易近人，宛如家里的长者。看到书桌上厚厚的书籍和文献，听着导师谆谆的教诲，敬佩之情油然而生！

很快，导师严谨、严肃的一面又让我有了更深刻的体会。有一次，我在病床边给病人换药，导师路过时看到了我换药动作的不严谨之处。待换药结束后，她把我叫到换药室，严肃地指出了我的错误，并将正确的换药方法演示给我看。

有人说，临床的研究生多是"放养"，但在我们烧伤科实验室却是另一番情景。

每周五，夏教授都会组织全体研究生开例会，让科室科研经验丰富的教授参加讨论，一方面检查上一周的实验结果，解决实验中的问题，布置下一步实验；更重要的是大家交流心得，解读最新进展，启迪科研思路。

对待工作和事业如此严谨、细致的夏教授，生活中却像是一个家里的长辈，平凡而善良，睿智又亲切，真诚而又充满热情。见到我们的时候，她问得最多的是我们有什么困难，空闲的时候也常跟我们拉拉家常。在学生生日时，她总会送出贺卡和小礼物；在遇到困难时，我们也会收到她的安慰，让我们重拾信心，继续前行。

生活中，夏主任是一个慈祥和蔼的老师，但工作上又是一个严厉、严格的家长，她决不允许研究生在科研上马马虎虎，投机取巧。在她的影响和严格要求下，烧伤科的研究生培养出了一种严谨求实的科研作风。在今年的全国烧伤年会上，烧伤科研究生的几篇报告得到盛志勇院士的表扬，盛院士对长海医院把国际先进技术及时应用于临床给予了充分肯定。

烧伤科学生马兵——

有这样一位恩师，很多同学羡慕我。

周末，妻子与我闲聊时提起，最近有一堂研究生课，老师让学生用两个字来概括自己的导师，她便问我："哎，如果让你用两个字概括你的导师夏照帆教授，你会用哪两个字？"两个字概括恩师？这让我陷入了沉思和回忆之中，十几年间的点点滴滴再次出现在眼前，这种体验，这种感受，又岂是仅仅两个字能够概括呢！

2001年10月，因参加研究生升学面试初识导师夏照帆教授，老师举手投足间透着一种雍容、谦和，说话都是"您好""请您……""谢谢您"，让人感觉格外亲切。十几年来，无论大事小情，夏主任每每与人交流都用这些敬语。这种谦和，是沁入骨髓的一种修养、一种品格，是一种深深影响着我的无形力量。在此后追随恩师学海泛舟的岁月里，我静静观察，默默模仿，希望自己能够成长为像恩师一样外在谦和、内心有力量的人，而这种修身的磨砺，也使得我在遇到困难的时候能坚持，遇到挫折的时候能豁达。

烧伤科工作是艰苦的，无论是搞科研还是做临床，恩师对我的要求都很高，从来不打折扣。人言"严师出高徒"，但在我理解，这个"严"字应该是严格、严谨，而不是严厉。2005年春节前，我收治了一个热水烫伤的孕妇，夏主任在查房的时候听了我的病情汇报后问："病人烫伤时孕龄是几周？"我说："大概是怀孕六个多月吧。""那伤后换药处理时你们采用何种镇痛措施？"我想了想，避重就轻地回答，"我们考虑到外用药对胎儿的影响，尽量采取无磺胺类的水胶体敷料……”恩师听后没有说什么。查房后，我被叫到她办公室，她语气平和地说：“今天查房几个问题我和你说一下，一是孕龄不是怀孕几个月，应该是精确到孕周，这样我们才能够更准确地判断孕妇和胎儿的孕期生理特点，从而为临床治疗提供准确依据；二是镇痛治疗很重要，控制疼痛的同时也要考虑对胎儿的影响，因为过度疼痛刺激会导致孕妇宫缩从而引起早产。做医生要严谨、仔细，我们的工作不能总是大概、假设，应该尽可能准确，甚至精确到……”恩师在病人面前没有批评我，给我保留了尊严和反思的余地。

很多和我同期的研究生都很羡慕我有这样一位导师，也许大家都觉得是因为导师是国内著名烧伤专家，其实是因为导师还像母亲一样关怀着我们每一个研究生。2007年初的某个夜晚，我和卫伟、熊杰三人加班加点在赶博士课题的研究进度，十点左右，老师来到实验室，她当天晚上刚从云南开会回来。“知道你们几个一直在加班加点，这不，我从云南带了点椰子糖和小点心，你们尝尝。注意身体，别太辛苦……”那时，我内心深处有一种感动和更多的情感在静静地流淌……

烧伤科学生肖仕初、李恒宇——

目光紧盯最前沿，她站上学术“珠峰”。

夏照帆教授为人和蔼，对学生关怀备至，但谈到学术则是一丝不苟、严谨敏锐。夏教授很早就指出严重烧伤救治需从两方面着手：一是提高治愈率；二是降低残疾率。而这两方面对应的临床问题都是世界性难题，如创面修复的皮源问题、脓毒症患者的高病死率等。

在美国期间，夏教授集中精力主要研究休克与器官损伤修复，回国后继续加强了这方面研究，并敏锐地注意到新兴学科——组织工程的出现。

1998年，组织工程学在国内刚刚起步，相应的研究工具与方法都少之又少，夏教授盯紧这个方向，从零开始，向最前沿的领域拓荒。仅

夏照帆在祁巷村

一年多时间，这一研究成果就得到学术界认可，于1999年加入“973计划”组织工程项目，负责“皮肤组织工程”子课题。经过十余年发展，夏照帆教授在皮肤组织工程方面的成就有目共睹，在《中华烧伤杂志》创刊50年之际，应邀撰写述评文章《皮肤组织工程学的发展与展望——长海医院烧伤中心20年的历程》。

炎症反应与脓毒症最主要的并发症就是多器官功能障碍，夏教授审时度势把研究的重点放在了肺脏上。她的研究团队通过避免延迟复苏对肺的“二次打击”，倡导预防性气管切开，序贯细胞保护治疗，保护性通气策略和肺表面活性物质应用，让肺部并发症发生率由53%下降到34%，严重烧伤合并肺损伤的救治成功率从66%提高到82%。

夏教授的目光永远都在最前沿，她精心布局团队科研方向，从大处着眼小处着手、关键环节重点突破，数十年磨一剑，攻坚克难，跻身学术“珠峰”。她每一次艰辛的探索和取得的每一份成果，都为烧伤患者提供了更多生存和康复的希望。

“一丝不苟真学问，埋头苦干显精神。今后烧伤外科在夏院士的带领下，必将征服更多的学术高峰。”学生们对夏照帆的崇拜和信赖溢于言表。

（赵固平　搜集整理）

相关资料索引

[1]上海长海医院网之《医者如花，馨芳生命》，2013年2月

[2]中国工程院网之《夏照帆：临危受命赋生机》，2015年9月

[3]新华网之《一切为了患者！亲赴一线的夏照帆还会“网上冲浪”》，2018年8月

[4]健康时报网之《中国工程院院士夏照帆——召之即来来之能战的烧伤团队》，2018年7月

万建民

万建民，1960年6月生于江苏泰兴，水稻分子遗传与育种专家，2015年当选中国工程院院士。1991年加入九三学社。现任全国政协常委，曾任九三学社第十四届中央委员，农林专委会主任。1982年获南京农业大学农学专业学士学位，1985年获南京农业大学作物遗传育种专业硕士学位，1995年获日本京都大学农学博士学位。1996年任日本京都大学农学部特别研究员，1996—2000年任日本农林水产省农业研究中心研究员。1998年被教育部聘为首批“长江学者奖励计划”特聘教授。回国工作后，历任南京农业大学生命科学与技术学院院长和农学院院长、中国农业科学院作物科学研究所所长、中国农业科学院副院长，兼任中国作物学会理事长、中国农业生物技术学会理事长、国际作物学会主席、国家重点研发计划专家组组长。曾任九三学社第十三届中央委员会委员，九三学社北京市第十二届委员会委员；第十三届全国政协委员，第十四届全国政协常务委员。

让更多人吃饱更吃好

——记水稻育种专家万建民

让更多人不仅要吃得饱，更要吃得好！这是我一直以来的追求。

——万建民

不忘初心，潜心水稻育种。种子，是农业的"芯片"，是国家粮食安全的核心基础。万建民始终孜孜以求的，就是打好种业翻身仗！

锚定水稻"优育" 破解基因"密码"

1999年4月，万建民放弃了在日本优厚的工作条件，回到祖国，组建科研团队，争分夺秒地投入到我国水稻种业振兴事业中。立足本职，脚踏实地，万建民带领团队长期致力于水稻优异基因挖掘和分子育种研究，在国内较早提出和初步实践了作物分子设计育种。先后主持国家"863计划""973计划"、国家重点研发计划、国家自然科学基金等多项重大课题。在水稻籼粳交杂种优势利用基础研究、品质优异基因挖掘、抗病虫新基因挖掘和优质高产多抗水稻新品种选育等方面取得突出进展。克隆水稻重要新基因68个，以第一或通讯作者在*Cell*、*Science*、*Nature*、*Nature Biotechnology*等SCI刊物发表论文316篇，培育水稻优良新品种38个，获新品种权36项、发明专利71项。研究成果"抗条纹叶枯病高产优质粳稻新品种选育及应用"，2010年获国家科学

万建民给研究生授课

技术进步一等奖(第一完成人),并获教育部2010年度“中国高等学校十大科技进展”。“水稻籼粳杂种优势利用相关基因挖掘与新品种培育”,2014年获国家技术发明二等奖(第一完成人)。“水稻矮化多分蘖基因DWARF 53的图位克隆和功能研究”,获教育部2014年度“中国高等学校十大科技进展”。“阐明独脚金内酯调控水稻分蘖和株型的信号途径”,入选2014年度“中国科学十大进展”。2006年入选新世纪百千万人才工程国家级人选,2012年入选国家“万人计划”和科技部创新团队,2012年获得何梁何利基金科学与技术进步奖,2015年当选中国工程院院士,2021年获中国植物生理与植物分子生物学学会杰出成就奖,2022年获袁隆平农业科技奖。

作为水稻分子遗传育种专家,万建民的初心是让人们能吃饱、吃好,吃得健康。他广泛收集水稻种质资源,以扎实的理论知识、严谨的科学态度、开阔的思维方法,挖掘水稻高产、优质的关键基因,在水稻遗传育种研究的最前沿开展创新性的研究工作。他带领团队利用水稻产量、品质等性状关键基因的分子标记,构建水稻改良分子育种技术体系,在优质高产水稻育种中取得重要突破。

针对产量性状的改良,他积极探索具有比"籼籼型"亚种内杂种优势更强大的"籼粳亚种间"杂种优势的利用途径。万建民带领团队围绕籼粳杂种存在育性差、结实率低、植株偏高、易倒伏等问题攻关20多年,相继发掘出27个不育位点及广亲和基因,并开发相应分子标记,聚合广亲和基因,创制广亲和恢复系和粳型亲籼不育系,组配的籼粳交组合解决了籼粳杂种半不育难题。在此基础上,团队首次揭示了水稻"自私基因"导致杂种不育的遗传机理,研究结果在*Science*、*Cell*、*Nature Communications*等杂志上发表,阐明了自私基因在维持植物基因组稳定性、促进新物种形成中的分子机制;探讨了"毒药—解药"分子机制在水稻杂种不育上的普遍性,为创制"广亲和"材料,克服杂种不育障碍,充分利用杂种优势和野生种质资源,奠定了提高水稻单产的基础。

分蘖是植物发育生物学中植物株型建成的热点课题,也是高产水稻育种的关键限制因子。在过去十几年,万建民的课题组通过各种途径,收集构建了水稻的一系列株型相关遗传材料,发掘显性矮秆及株型关键基因TE,明确其作用机理,克隆半显性矮秆基因D53,首次在遗传和生化层面上证实了D53蛋白作为独脚金内酯信号途径的抑制子,参与水稻分蘖、株高的调控,从而影响水稻的植株形态,进而影响产量。研究结果在*Nature*上发表,并入选2014年度"中国科学十大进展"和教育部2014年度"中国高等学校十大科技进展"。

万建民还指导研究生通过设置长、短日照和高、低温等4种环境,分析了来自我国各稻区的83份粳稻和51份籼稻主栽品种的抽穗期感光性、感温性及其基本营养生长性,并利用一套抽穗期近等基因系,对这134份品种抽穗期基因型进行了分析,明确了我国各稻区或各种类型水稻抽穗期主基因的基因型分布特点,发掘抽穗期相关基因DTH8、DTH2、EHD4、DTH7等,进而提出在籼粳亲本选配中利用光钝感基因、感光性基因型相同、感光性基因型非互补的分子设计育种方法,设计目标基因型和最佳育种方案，获得理想熟期的籼粳交新组合，解决了籼粳杂种超亲晚熟问题。

万建民带领团队利用分子标记和辅助选择的方法，培育出广适强优恢复系W107，使培育的籼粳交新组合结实率稳定在85%以上，组配的协优107和Ⅱ优107分别通过国家和省级审定。2006年协优107在云南省永胜县亩产达1287公斤，刷新了世界水稻亩产最高纪录。利用籼粳育性位点等位基因定点置换的方法，团队创制了与籼型亲和力强的粳型不育系509S，组配的籼粳杂交组合“南农优102”，在2010年和2011年南方晚籼杂交稻区试种中排名第一，不育系509S已被18家育种单位利用。

通过创新分子标记聚合育种技术体系，团队培育出了京粳1号、2号、3号、中稻1号、中作稻2号、中作稻3号、宁粳系列品种1号～19号、优质软米新品种宁香粳9号等优质粳稻新品种，其中宁香粳9号在第三届和第四届“全国优质稻品种食味品质鉴评”活动中两次获得了优质粳稻金奖。上述品种经国家、省级审定，已在南方、北方粳稻区推广应用，为我国粳稻的安全生产提供了优良品种支撑。

2023年年初，万建民团队又解析了OsSHI1作为一个转录调控中枢，通过整合多种植物激素途径，进而协调水稻生长及耐逆的分子机制，发表在《植物细胞》(*The Plant Cell*)上。与此同时，他们在水稻耐盐碱研究上也取得了新进展。盐碱胁迫影响水稻的生长发育、存活率与最终产量。水稻耐盐碱是由多基因控制的复杂性状。研究水稻应对盐碱胁迫的关键基因及其调控网络，对于培育耐盐碱水稻品种具有重要科学意义和应用价值。2023年5月，国际著名期刊*Nature Communications*发表了万建民团队在水稻耐盐碱研究上的新进展。他们通过对水稻地方品种进行全基因组关联分析，鉴定了两个耐盐相关新基因，分别编码转录因子OsWRKY53和丝裂原活化蛋白激酶OsMKK10.2，它们介导根Na+流和Na+稳态。该研究揭示了水稻通过OsWRKY53-OsMKK10.2和OsWRKY53-OsHKT1;5模块协调防御离子胁迫的分子机制。

经过多年联合攻关，由万建民领衔、南京农业大学和中国农业科学院作物科学研究所的科研团队，首次从分子层面阐明了籼稻和粳稻杂种不育分子机理、破解了水稻生殖隔离之谜。2023年7月26日，该成果在国际权威学术期刊*Cell*在线发表。至此，继2013年的*Nature*成果、2018年的*Science*成果，万建民院士团队在水稻分子遗传与育种领域接连取得重大科研突破，捧得了“CNS大满贯”。

在万建民看来，满贯是团队的“里程碑”，但绝不是“完结篇”。“我从1991年开始研究‘水稻杂种优势利用’难题，这后来也变成了团队延续了30年的科研梦想。”为了这个梦想，每年5—6月，在南京江宁土桥基地，100多位团队师生齐上阵，播种、拔秧、排秧、插秧，场面壮观。只要时间允许，万建民都会一同参与其中，用行动告诉学生，“做水稻，一定要到田间去，一定要能紧跟生产实际。”

为作物“治病虫” 为病人“育功能稻”

高端亮剑，向水稻病虫害宣战。1999年，万建民刚刚从日本留学归来不久，在南京农业大学的实验基地试验田中发现了条纹叶枯病发病稻株。水稻条纹叶枯病是由褐飞虱介导的病毒病，曾是长江中下游粳稻区的毁灭性病害，2000年该病在南方粳稻区开始暴发流行，仅2004年发病面积就达2300多万亩。

针对当时我国抗条纹叶枯病种质、基因和品种匮乏等问题，万建民带领团队摸索出了条纹叶枯病抗性鉴定方法，建立了规模化抗病鉴定技术体系，对10977份种质资源进行了抗性鉴定，筛选出高抗种质212份，并从高抗种质中挖掘抗条纹叶枯病基因QTL24个，占国内外已报道的71%；精细定位主效抗病基因Stv-bi，并开发高效分子标记应用于抗条纹病新品种的选育。精细定位广谱高抗基因Bph27，克隆的广谱高抗基因Bph3为编码三个植物凝集素类受体激酶的基因簇，对褐飞虱的抗性具有累加作用。该研究成果2015年发表在*Nature Biotech-*

*nology*杂志上，同期评论文章给予了高度评价，并将Bph3和Bph27导入籼稻品种9311和粳稻品种宁粳3号，创制出优质抗虫新品系，并转让应用于水稻育种。

在短短的几年间，万建民携团队选育出适应不同生态区的早中晚熟系列抗条纹叶枯病高产优质新品种10个，并迅速得到大面积的推广应用，2007年至2009年新品种推广8314万亩，2009年推广面积占南方粳稻区种植面积的78%，累计推广13634万亩。

该成果在短时间内，有效解决了南方粳稻区受条纹叶枯病流行危害的难题，极大地促进了水稻生产的发展。万建民作为"抗条纹叶枯病高产优质粳稻新品种选育及应用"项目研究第一完成人，2010年获国家科学技术进步一等奖。围绕水稻抗性基因研究，团队的科研攻关脚步并未停歇。水稻抗条纹叶枯病基因STV11、抗褐飞虱基因Bph3等成功克隆和分子机制的结果，先后发表在国际权威刊物*Nature Communications*、*Nature Biotechnology*、*PNAS*、*Cell Research*等上。

随着人民生活水平的不断提高，一些慢性病也呈多发状态。中国肾脏病流行病学调查显示，我国慢性肾脏病患者约有1.2亿，发病率已达10.8%，慢性肾脏病已成为影响我国公众健康的重要问题。降低大米等主食中的植物蛋白质摄入量，可减少血液中的氮素滞留，减轻肾脏负担，从而延缓慢性肾功能衰竭的进程。

万建民带领团队大规模地鉴定和筛选国内外水稻种质资源及突变体库，从120000多份材料中，筛选获得了包含3种类型的110余份蛋白变异遗传材料，主要以谷蛋白前体增加突变体为主，此类材料是克隆谷蛋白合成、转运和积累途径关键基因的优良遗传材料。万建民团队利用这些材料克隆鉴定了10多个水稻谷蛋白转运途径的关键基因，构建了谷蛋白转运分子调控网络，为稻米蛋白质含量和组成的改良奠定了良好的遗传资源和分子育种基础。实验发现其中一份低谷蛋白突变体，可以作为培育适合肾脏病人和糖尿病病人食用的低谷蛋白水稻品种的遗传材料，而2份球蛋白缺失突变体，则有助于培育可溶性蛋

万建民在土桥基地和助手讨论研究方案

白含量更低的水稻品种。精细定位低谷蛋白基因LGC-1，并开发了紧密连锁的分子标记，采用系谱法结合分子标记辅助选择培育出的适合肾脏病人食用的新品种W3660、W1721和W0868，均获植物新品种权，其中W0868谷蛋白平均含量2.1%，低于普通稻米的一半，且产量已与主栽品种相当，该品种成功转让并实现产业化。万建民团队进一步聚合低谷蛋白性状和球蛋白缺失性状，培育出可吸收蛋白质含量更低的水稻新品系W088，并转让江苏苏中药业集团股份有限公司，这两个功能性水稻品种的推广应用，将造福全国乃至全球数以亿万计的慢性肾脏病人。

聚焦战略议题 倾力履职尽责

万建民担任全国政协常委和九三学社中央农林委主任期间，以高度的政治责任感认真履职尽责。聚焦粮食安全、种源安全、生物育种等战略议题，多次提出重要议案，其中“加强农业种质资源保护与创新利用”获评年度好提案。

作为九三学社中央委员、北京市委委员，万建民积极参与九三学社中央和北京市委的各项活动，建诤言献良策。积极参与九三学社关于现代农业发展等专题调研，撰写《现代化农业之学者报告》等调研报告。积极参与社中央农林委的活动，撰写社情民意信息，2009年3月撰写的《加强农业技术推广体系建设 提高现代农业科技支撑能力》被九三学社中央采纳，用于全国政协大会发言，并得到社中央的表彰。组织参加九三中央科学座谈会和九三论坛，为国家发展献计献策，九三中央农林委被评为“参政议政工作先进集体”，获得“九三楷模”荣誉称号。

“生物技术是推动现代农业产业发展的核心动力，是提升国家农业竞争力的战略利器。”在2019年全国两会上，万建民建议，加强农业生物技术研发，抢占农业生物技术发展制高点。一是实施农业生物设计科技重大专项，抢占农业生物技术发展制高点。加强原始创新，突破关键核心技术，通过生物技术与新一代信息技术和智能技术的交叉融合，突破基因定点加工、RNA靶向调控技术、蛋白精准修饰技术、代谢途径优化重构和表型系统设计技术；针对抗极端逆境、特殊功能营养、资源利用等重要性状，创制高光效、生物固氮和耐极端环境作物，

万建民在南京农业大学土桥水稻实验基地了解水稻生长情况

功能型动植物及抗重大疫病畜禽等生物新产品；研制盐碱地改良制剂、新一代饲用抗生素替代制剂、新型动物基因工程疫苗，以及农业废弃物生物转化制剂等新制剂；创建农用细胞工厂，研制高效农业动植物生物反应器，以及药用蛋白、人类重大疾病动物模型等新型制品。二是采用全新的组织机制，实现全产业链一体化实施。加强顶层设计，通过构建以国家实验室为抓手的大平台，实施新型举国体制下的集中攻关。建立稳定支持农业生物技术基础性、前沿性、公益性研究的长效机制，形成以政府主导、社会资本参与、各类金融工具协同的局面。切实加快领军型、复合型创新人才的培养和引进，提供更加有利的环境和条件；完善人才培养、使用、评价机制。实施国际大科学计划，鼓励生物技术创新要素实现“走出去”与“引进来”的跨境流动，为开拓未来国际市场，以及在全球范围内进行知识产权保护奠定坚实基础。

2021年7月27日，万建民在第二十三届中国科协年会开幕式上呼吁，“我们是一个拥有14亿人口的大国，确保粮食安全是国家的重大需求，2030年粮食产量必须比目前提高15%才能满足国内需求。”

万建民建议，目前常规育种主要包含系统育种、杂交育种、细胞工程育种等，生物技术育种包括转基因育种、基因编辑育种、分子标记辅助育种等。发展生物育种研究，突破资源环境约束，将对我国作物生产和粮食安全发挥重大作用。

“要全方位夯实粮食安全根基，确保中国人的饭碗牢牢端在自己手中。最主要的是加强种质资源保护与创新利用研究。”在2023年全国两会上，万建民表示，加强种质资源保护与创新利用是实现从源头上保障种业发展，促进种业振兴，实现种源自主可控的根本路径。

“我在两会提出要常态化加强种质资源抢救性收集保护、强化种质资源国际交流合作和加大种质资源共享利用三条建议。”万建民表示，应部署重大科技项目，提升生物育种创新能力，尽快实施农业生物育种2030重大科技项目；加强种质资源研究，增强原始创新基础，抢救性保护和研究稀有种质资源；强化基础研究，夯实育种源头创新；要进一步强化自主品种的培育，把控种业的发展主动权；加大多元化资金投入，应结合地方和企业的投入加大种业科技投入。“生物种业是国家战略性、基础性产业，发达国家以及跨国企业集团愈发重视生物种业发展，并成为提升国家竞争力的战略举措。品种作为生物种业的芯片，生物育种是种业创新的核心。”基于此，万建民强调，我国必须加大生物育种与产业化力度，突破当前农业发展中的重大瓶颈，加快培育战略性新兴生物产业，保障国家粮食安全。

万建民长期倾心于农作物种业创新发展战略研究，牵头组织国家“863计划”“植物分子育种”重点项目、国家重点研发计划专项、“国家转基因生物新品种培育”重大项目等，为我国生物育种研究和产业发展作出了重要贡献。

他还非常重视研究生和青年人才的培养，为国家农业“芯片”育种。他身体力行、以身作则，以“知其然，知其所以然”的求知态度来要求自己和研究生。他认为科学研究最重要的是严谨的治学态度和实事求是的科研素质；在对研究生的培养中，他鼓励学生“挑战”研究前沿，也注重给学生“跳一跳”才能够得着的压力和空间，让青年人才得到成长。

万建民不仅在学术上要求严格，对学生生活也很关心，不仅关心他们的吃住，婚姻问题也给予帮助。近几年促成了几对佳偶，在师生中传为佳话。另一方面，万建民也很关心学生的身心健康，一有机会就会通过各种方法鼓励学生多参加锻炼，增强体魄，保证身心的全面发展。

数十年来，万建民已培养毕业的博士生86名，其中2人受聘为“长江学者奖励计划”特聘教授，7人入选科技部中青年科技创新领军人才，15人入选国家级青年人才，为国家农业“芯片”的发展储备优秀的科研种子，也为农业科学美好的未来增添更多的生命力量。

辛勤为国育种 归来仍是少年

“你吃了吗?”2020年7月18日,万建民受邀做客央视《开讲啦》栏目,以平实幽默的语言,讲解保障粮食安全的关键,创新育种以及我国粮食产业还将面临的挑战问题。

万建民在演讲中说,“中国水稻生产的历史已经有8000多年,中国百分之六十的人口以稻米为主食,长期以来中国历史都是一个跟饥饿斗争的历史。很长一个时期水稻单产一般来说每亩只有200到300斤,而且我上初中的时候,因为一天三顿都必须回家吃饭,吃不饱饭是经常的事情,回家的路上第一个期望是家里来客人,来了客人可以吃一餐饱饭。到1978年恢复高考,我有幸考取了农业大学,到农业大学以后,我就想能够从事水稻育种工作,来解决我们吃饭的问题。记得第一顿吃饱饭,就是我上大学的第一天,学校发了饭菜票,我打了一斤米饭,根本不需要菜就完全可以把它吃完,当然在师傅的劝说下买了一个肉圆,蔬菜什么也没有。

“因此,那个时候对于一个18岁的青年来说,吃饱肚子是第一件大事,到了90年代的时候,我有机会到日本去学习。我们到日本农林水产省的农业中心的水稻育种室去做试验,这个社长拿出两种米来,让我们这些留学生一起来品尝,一个是日本的越光大米,第二个就是当时中国产量最高的桂朝二号,把这两个品种煮成米饭让我品尝,不用讲,越光就是软,有弹性,有香味,而我们的桂朝二号色泽暗淡,‘渣’得难以入口。这个社长当时就说同学们,你们生在日本应该是非常幸福的,可以每天吃到这样好的大米,这对我这样一个留学生来说冲击是比较大的。”

也正是从那时候开始,万建民下决心回国从事水稻育种研究。

演讲现场,万建民展示了一种名为“W0868”的大米,是他带领团队专门为肾脏病人研制的低谷蛋白特制米。为了让主持人品尝米饭,万建民团队的老师特意带了四种不同的大米、四个电饭锅,在节目开

万建民受邀做客央视《开讲啦》栏目

始的时候盛上四碗热气腾腾的米饭让主持人品尝。提到煮饭，万建民说自己在家里从来不煮饭，但却在实验室煮饭，为了区分精确的口感便于研究，万建民和团队品尝过上千种米饭，且每种米饭的蒸煮也非常有讲究。

“我们不仅要吃得饱，更要吃得好。”演讲中，万建民分享道，“随着人民生活水平的提高，我们不仅会关注到产量，更会关注到稻米的品质，例如营养成分的含量、大米的口感。”2018年，万建民回到家乡考察，认为泰兴的水土和自然气候条件适合他培育的“宁粳8号”水稻的种植，并在泰兴根思乡北湖村和新街镇顾庄寺村各建设了一个50亩的“宁粳8号”有机水稻栽培示范基地。从春季播种到夏季管理，“宁粳8号”迎来丰收时刻，2019年11月，万建民特意回乡参加首届优质新品种“宁粳8号”开镰节，种植的“宁粳8号”不仅亩产达650公斤，而且香味、口感、黏性等均比其他品种大米更胜一筹。

万建民的老家在河失镇洋碾村，提到他，老师、同学和邻居最大的感受就是“能吃苦”。邻居叶金林说，建民十几岁就跟他去姜堰买猪饲

万建民在家乡泰兴踏田察看水稻长势

料，那地方靠近兴化，从河失去来回一百二十里，三十出头的他都感觉吃不消，但建民还能咬牙坚持。那天，两人难得“奢侈”一回，看了场电影，记得好像是《卖花姑娘》。晚上不敢住店，怕误了第二天买饲料，那时候什么都紧缺(其实也不舍得)，于是两人就在饲料店旁边的草棚里对付了一宿，“蚊子多，咬得实在受不了，就把准备装饲料的麻袋裹在身上，可一裹又热得受不了……”就这样，他们第二天如愿买到了饲料，而排队的二十多人中，只有他们排在前面的六个人满载而归。

叶金林说，建民那时年龄小，身块也不大，但他很能吃苦，特别是“挑河”的时候，为了帮家里多挣点工分，他筐里装得最多，脚下跑得最快，“我当时真替他捏一把汗，怕他累垮了。现在想想，他能到现在这一步，应该是跟能吃苦分不开的。”叶金林说，建民现在回来都会来看望他，他家里的稻田长势不好，建民也会到田里看看，“他说是种子选得不好，下次回来我给你带20斤种子，后来他果然就带回来了。”叶金林满脸是笑，“我问建民，听说你当了院士还下田插秧，他说搞农技的就是戴眼镜的农民，不下田怎么行，要不咱俩比比？我说大大老了，腿脚不行了,你都要退休了……”叶金林眼角掠过一丝沧桑,但笑声还是那样爽朗。

叶瑞林是万建民的初中老师,他回忆道,万建民以前上的学校“烂包了”,忙于办工厂,不抓教学,学习环境很差,几十个学生,书杂费收不到十块钱。我去了以后,发现万建民和另一个学生是好苗子,但学校没有好好教,耽搁了他们,如果考高中肯定考不上,于是,我就动员他俩留级,争取多上一年能赶上来,考取高中。这在当时是不允许的,被发现了要处分,但我实在不忍心埋没了这样的好苗子。后来,全校考上高中的也只有他们两个。当时我们给他“开小灶”,他“吸收”快,教起来很轻松。

而在万建民眼里,他的学习生活还是挺轻松的,“高考前夕,我们几个小伙伴还跑到泰兴城里,看了一场电影,好像是《红楼梦》。”

可放心不下的还是老师。“那时候他上学远,晚上回去黑灯瞎火的,我们当老师的很是担心,因为当时村庄没有现在这样密,路又不好,还没有路灯。”叶瑞林说。

“有一天晚上,我看见他妈妈骑自行车接上晚自习的建民回来,天黑看不见,一头撞到了场里的碌碡上,半天爬不起来,娘俩忍不住哭了。”叶金林说。

初中同学陈亚群说,“那时条件太艰苦了,照明都是用油灯,油又打不到,也买不起,好多人家都是一盏灯管两间屋,中间掏个洞,叫‘满堂红’。建民能坚持学下来真不容易,我后来放弃不上了。”

时光流转,不屈的生命就像拔节的稻秧,顽强地生长,希冀在稻花香里弥漫丰收的芬芳。

从调至中国农科院,万建民就没有享受过休息天的闲适与放松。为了研究,他放弃了太多与家人相伴的温馨时光。30多年来,只要条件允许,万建民都会在周末回到南京农业大学,“周五最晚航班回宁,周日最晚航班回京,这样的节奏一周都没有打破,我的日程表中,没有‘周末’这一说。”

万建民接受家乡电视台采访

两地奔波，力行不辍，他的梦想就装在南来北往的行囊中，装在枯燥的实验室和蛙声四起的稻田里，装在烈日下，装在风雨中。万建民自己常下田插秧，他的实验室更多的在山水间，在农田里。每年夏天，他都会顶着烈日穿梭在田间，参与运秧、排秧、栽秧，像个普通的农民一样。他亲手逐行检查水稻植株，如果发现了优异的材料，就会兴奋得叫在场的师生来看。白天在地头忙完，晚上回到实验室继续工作，还要修改学生的论文直到深夜。

2023年4月2日，中国种子协会生物育种产业化分会成立暨第一次会员大会在海南三亚举行。大会选举产生了生物育种产业化分会第一届理事会，万建民当选生物育种产业化分会第一届会长。

“基础研究和技术突破引领新一轮科技和产业革命，生物育种已成为提升国家农业核心竞争力的战略举措。”在4月1日举行的2023中国种子大会暨南繁硅谷论坛主论坛上，万建民表示，必须把握发展机遇，推进生物育种产业化，实现种业科技高水平自立自强，支撑农业强国建设，保障国家粮食安全。话语铿锵，掷地有声，我们能从中“读”到万建民执着的方向，以及不竭的动力。

万建民仍风尘仆仆地奔波在田间院所，只为更多人吃饱更吃好，只为——满树的繁花，来自冰雪中的一粒种子。

（耿渭华　搜集整理）

相关资料索引

[1]国科农研院网之《万建民院士的水稻“中国芯”》，2023年11月

[2]上观新闻网之《万建民科研团队：他们潜心30年攻克“杂种不育”难题》，2023年10月

[3]九三学社中央宣传部之《九三楷模万建民：“让人们能吃饱、吃好，吃得健康”》，2022年12月

[4]央视网之《开讲啦》，2020年7月

常进

常进，1966年7月生，籍贯泰兴河失镇，天文学家，中国科学院院士，研究员，博士，博士生导师，第二十届中央候补委员，中国科学院副院长，中国科学院国家天文台台长，曾任中国科学院紫金山天文台台长，中国科学院暗物质与空间天文重点实验室主任，中国科学技术大学天文与空间科学学院院长，紫金山天文台暗物质和空间天文实验室首席科学家，探月天文应用分系统主任设计师，863—703项目和“973计划”项目子课题负责人。

1992年7月毕业于中国科学技术大学，获硕士学位；1992年8月毕业分配至紫金山天文台从事科研工作；1995年4月加入中国共产党；2006年7月获紫金山天文台空间探测博士学位；2019年2月任中国科学院紫金山天文台台长；2020年9月30日任中国科学院国家天文台台长；2019年11月当选中国科学院院士；2023年5月5日任中国科学院副院长。

“暗物质探测时代”开创者

——记暗物质卫星首席科学家常进

> 我不是一个占星术师，而是一个天文学家
> 凡是新的东西，只要有人去观测，总会有新的发现
> 我们一定要成功，不能浪费国家的科研经费
> 创新就要甘于坐冷板凳、啃硬骨头
>
> ——常进

他是一个思维非常开阔的人，他是一个执着的人，他是一个很有感染力的人，他是一个比较严厉的人，他是一个和蔼的人，他是一个可亲可爱的大哥，他像一个老兵一样，他像一头耕牛一样……这是同事和学生、家人对常进的印象。

茫茫太空，一位孤独的行者，工作于约500公里高的晨昏太阳同步轨道，在幽暗的宇宙探索这片空间暗藏的本来面目。它叫“悟空”，是中国的一颗为“取真经”而来的暗物质粒子探测卫星。

地面上，中科院紫金山天文台的研究员常进和他的团队，正根据“悟空”发回的数据，24小时轮班对数据进行核算。暗物质，游离于人类认知边界的世纪之谜，它对自然界中我们所有认知的电磁力和核力等拥有免疫力，以至于它可以像幽灵一样穿过我们的身体乃至地球而不留下痕迹。对暗物质粒子本质的研究将带来物理学革命性的突破，

因此全世界的很多科学家都在不遗余力地寻找暗物质粒子。

作为我国空间天文带头人之一，常进长期从事空间伽马射线和高能带电粒子探测技术研究，作出了开创性的贡献，在暗物质粒子空间探测、空间天文观测设备研制和数据分析等方面取得了重要进展，并取得了令人瞩目的成就。在探索未知宇宙的过程中，常进总是不断地燃烧起自己的斗志与精力，他始终认为作为一个科学家，就要长期坚守自己的梦想，求真务实地去实现它。暗物质，这一尚未现形的“宇宙主宰”，或将在常进等科学工作者不断地耕作之下，向世界天文界发出希望的“光”。

十年一剑

人们往往只看到成功者的微笑和成果，而在这些成果背后付出的艰辛和心血，只有他们自己知道。

多少年来，我国天文学家无时无刻不梦想着自己设计建造的天文观测仪器搭载卫星升空观测，无时无刻不梦想着科研团队走在国际天文观测的前列，无时无刻不梦想着我们自己的天文观测仪器遨游在浩瀚的星空。从20世纪70年代中国第一颗卫星开始，天文学家们都期待着这一天的到来。常进从踏进紫金山天文台的那一刻起，就坚持着这样的梦想。

1992年，常进刚从中国科技大学毕业到中科院紫金山天文台空间天文实验室工作时感到很吃惊，中国的空间天文几乎是一张白纸。“就好像到汽车厂工作，却发现这个厂一辆汽车都没造出来。”他能做的就是整天泡图书馆，把国际上能搜集到的高能天文卫星的资料都认真读了一遍。

也就在那时，中国启动了载人航天工程。常进跟着老师在神舟二号飞船上搭载了一个设备，获得大量太阳耀斑和伽马射线暴的观测数据。这是中国第一次在太空开展真正的天文观测，项目现在看来很小，却为中国空间天文发展打下了基础。

1998年，常进开始着手研究空间探测高能宇宙射线粒子。今天看来这可能是探测暗物质粒子最有力的手段，然而在当时并未引起科学家们的广泛重视。这个过程并不顺利，层层障碍很快就来到了常进眼前。观测宇宙高能电子非常困难，需要借助造价昂贵的高性能设备。刚开始国内科研经费紧张，80年代的经费预算还是以千元为单位来计算，这对研制经费动辄上亿的空间仪器来讲，国家还没有足够的财力来支持，试验所需的仪器只能东拼西凑。

“国家没钱，我们必须在方法上创新。”常进提出了独特的空间观测高能电子和伽马射线的方法，不需要那么昂贵的设备，大大减少了仪器的费用，并开始不断寻求合作。他在德国访学时，得知美国要在南极开展名为ATIC的科考项目，观测宇宙线。为了加入美国ATIC观测宇宙射线的科学项目，常进建议利用ATIC同时观测高能电子，并利用一年的时间加以计算与实验。最终美国科学家接受了常进的建议，1998年，常进加入美国ATIC项目。2000—2003年，ATIC设备搭载长周期气球先后两次在南极升空，并在离地面37公里的高空成功实现了对高能电子的观测。美国人提供数据，常进负责对其进行分析。两次观测的高能电子流量均表现出显著的异常，让常进陷入对庞杂数据无休无止的思考和核查之中。分析过程相当枯燥烦琐，但为了保证研究的准确性，常进和团队成员每隔几天就会聚在一起，把各自负责的部分拿出来，你帮我改，我帮你查，认真且较真。未解之谜整天盘桓在脑子里，让常进废寝忘食又乐此不疲。此后几年，常进与合作者不断改进设备和观测方法，又在南极进行了3次观测。

“到德国去进修，我就盯住了高能电子和伽马射线，凡是跟这有关的我就参与讨论，拉住人聊。很短的时间内，我就在高能电子和伽马射线观测方法方面取得了突破。”常进说，“正巧当时美国人有这个项目，我就去找美国人谈，发邮件，美国人认为这是一个疯狂的想法，不可能实现，就一口回绝了我。但是我一步一步来，从最基础的参数跟他计算。后来美国人有点相信了，让我到美国去跟他们谈，第一次去美国的时候，一下飞机，不管三七二十一，把你拉到实验室，一天之内从头开始，要把我的想法编成程序，而且要把它算出来，所以36个小时，我基本上没有合眼，结果拿出来的时候参数跟他们基本一致，第一关算过了。后来美国人把这个探测器拉到瑞士的加速器上，用加速器的高能粒子来模拟天上的宇宙射线，也把我叫过去了。也是这样，今天给数据，明天给结果。幸亏我父母培养了我很能吃苦的精神，所以这一关我也完成得比较漂亮。尽管我当时没有研究经费，也没有出钱帮他们做探测器，但最后美国人承认我的方法还是有用的。”常进回忆道。

“这个经历告诉我，第一个就是科学上种瓜得豆是常有的事。为什么？因为这个项目本来是研究宇宙线的，后来最主要的成果是关于高能电子，这不是种瓜得豆吗？第二个告诉我人只要脚踏实地，一步一步地干，即使没有研究经费，也可以借船出海，取得成功。”常进深有感触。

板凳须坐十年冷。为了寻找异常之后的真相，常进陷入近10年无休止的数据分析，未解之谜整天在脑子里抓挠。他的夫人发现，回到家的常进，时常神情恍惚，嘴里嘀咕着一些奇怪的数字，突然有个想法，马上就到实验室编程序演算。想回答ATIC发现的异常究竟是否来自暗物质，还不能排除其他天体的干扰。气球飞得再高，只要在大气层内，高能粒子与大气碰撞就会产生大量“噪声”，要想看得更清楚，就必须到太空去探测。

“南极气球总共进行了4次飞行，在对南极数据分析的过程中，我们发现了一个奇异的现象——观测到的高能电子比理论计算要多，这个时候我们急了，以为是仪器出了问题。我们花了一年的时间用各种各样的方法去检查，是不是仪器出问题。后来证明不是仪器的问题，估计是天上来的高能电子，比理论模型要多。多出来的这些电子来自哪儿呢？这个时候我们就联想到暗物质了。因为气球观测精度是有限的，2002年开始，我就有想法，做一个大的卫星到天上去观测高能电子和伽马射线。”2002年，常进将第一份有关太空探测暗物质的报告提交到有关部门，但却石沉大海。2003年他再次申请，仍未有结果。但常进坚信，这并不意味着他的方法不行。暗物质卫星探测器的想法，从2002年就在他的头脑里形成了。他做了无数次计算和试验，不断改进细节。

“我很高兴也很自豪，是以我为第一作者发表的，因为用的是我的方法。”2008年，常进作为第一作者在*Nature*上发表文章，介绍了有关宇宙高能电子异常的发现。这一发现被美国物理学会和欧洲物理学会评为当年世界物理学领域的重大研究进展，评论普遍认为，该观测如果被证实，将是人类第一次发现暗物质粒子湮灭的证据，这引发了一轮国际探索暗物质的热潮。文章的发表，犹如一颗石子投入平静的湖面，激起了国内外高能物理学家心中的涟漪，荡起了空间观测暗物质的波澜。

论文发表第一年即被引用400多次，紧接着，2009年8月，刘延东副总理专程到紫金山天文台调研；2009年11月，香山科学会议召开，讨论空间观测暗物质粒子可行性；2010年12月，中国科学院暗物质与空间天文重点实验室在紫金山天文台成立；2011年1月，空间探测暗物质粒子纳入紫金山天文台“一三五”规划；2011年12月，空间科学先导专项暗物质粒子探测卫星计划正式启动；2014年8月，空间探测暗物质粒子纳入紫金山天文台率先行动规划；2015年12月，暗物质粒子探测卫星成功发射。

“‘十年磨一剑’，中国科学家在暗物质探测方面取得引人注目的成果。这种瞄准世界前沿、勇创新路并加强国际合作的做法值得推广，希望科学家们继续努力，勇攀高峰。”这是刘延东副总理当时提出的殷切希望，而中国的第一颗天文科学卫星遨游太空伟业已成为现实。

悟空巡天

2015年12月17日清晨，朝霞还挂在天边，我国在酒泉卫星发射中

常进在与同事进行“悟空”卫星数据分析

心用长征二号丁运载火箭，成功将暗物质粒子探测卫星“悟空”发射升空。“悟空”号是中国发射的首颗天文卫星，它可以探测高能伽马射线、电子和宇宙射线，其主要科学目标是以更高的能量和更好的分辨率来测量宇宙射线中正负电子流量，找出可能的暗物质信号。这标志着我国空间科学探测研究迈出了重要一步。

“90后”女孩张晨是“悟空”微博头像设计者。“‘悟空’发射的时候我在酒泉卫星发射中心，当时我就想到粒子这个东西感觉是圆圆的，然后它要去探测，所以它应该有一个小犄角去找东西。后来到了卫星中心，听到网友们给他选的名字叫‘悟空’，我就给‘悟空’拿上了金箍棒，又戴上了紧箍咒，因为怕他去大闹天宫。”张晨说，“第二天看了‘悟空’的发射，我当时在发射场哭了很久。以前觉得卫星发射是跟我们完全没有关系的，但是通过这次我觉得虽然‘悟空’是去寻找暗物质的，但是它还有一个作用就是拉近了科学和我们的距离，所以它发射上去的时候，我就觉得像一个朋友永远离开了我一样。当时特别冷，有零下18度，我觉得我站在那眼泪流下来是会结冰的，就是那么冷，我的手机都关机了。看到火箭的防温涂层往下掉落的时候我特别心疼，因为我觉得它们都像有生命一样，就觉得特别伟大，因为它们的牺牲才有了科学的进步。”

“悟空”是世界上观测能段范围最宽、能量分辨率最优的暗物质粒子探测卫星，超过当前国际上所有同类探测器。卫星由4个科学探测有效载荷组成，分别是塑闪阵列探测器、硅阵列探测器、BGO量能器和中子探测器，共同构成一个高能粒子望远镜。

进入太空后，“悟空”在500公里太阳同步轨道上运行。它采取两种观测模式：初期采用巡天观测模式，由于暗物质可能存在于全天区的任何区域，所以第一阶段对全天扫描；后期卫星转入定向观测模式，根据全天区探测的结果分析出暗物质最可能出现的区域，并针对这些区域开展定向观测。每天清晨和傍晚，“悟空”都会“路过”中国上空，位于密云、喀什、三亚的三个数据接收点接收它回传的约16G数据，再通过北京的国家空间科学中心，把数据整理“拼齐”之后发给紫金山天文台，而常进带领的团队就是要从日积月累的海量数据中分析出有价值的科学成果。在过去的几年，我国在暗物质和暗能量的研究中实现了阶梯式发展，尤其是暗物质粒子探测卫星“悟空”号的成功发射运行，其探测到的TeV能量段电子宇宙射线数据，目前是世界上精度最高的。

“苟日新，日日新，又日新！”2018年2月16日一早，常进为“悟空”写下农历戊戌狗年的新年寄语。每年的春节假期，常进仍旧像一台开足马力的机器，在办公室奋战。

正月初一，正是辞旧迎新、阖家团聚的时刻。这一天，常进守在实验室里，监测着“悟空”的运行状态。清晨6点20分，中国科学院空间中心向监控室回传卫星实时工程参数，方便值班人员为“悟空”进行每日“体检”。时间一分一秒过去，监视器上显示出了卫星数据的规则波形。常进细细核对电流、电压、温湿度、姿态，确定一切正常，他长舒一口气，在当天的“‘悟空’运行日志”中画了个勾。

"'悟空'像大家的孩子，"常进自嘲说，上天8年里，"悟空"生生把整个科研团队变成了一帮"猴爹""猴妈"，"不少年轻团员都患上了'养猴综合征'，时时盼着能听到看见'猴娃'的声音、图像。我每天一睁眼，就检查卫星数据是否正常。"

虽已神通广大、日行万里，但每碰到危险，"悟空"又立刻变回那个让"爹娘"们牵肠挂肚的小猴子。2017年12月29日，星载探测器因高能粒子撞击等因素出现电流异常，数据回传速率锐减至原先水平的四分之一至五分之一。"美猴王"突然"失明"，让整个监测团队焦急万分，常进他们连夜会诊，联合中国科学院国家空间科学中心和西安卫星测控中心调整指令，十几个小时内，就让卫星工作完全恢复正常。

"悟空"入轨一年后，2016年12月29日，中科院紫金山天文台公布重大发现——"悟空""火眼"记录到超大质量黑洞CTA102的伽马射线爆发。2019年10月，"悟空"号首次准确绘制出高能质子宇宙线的能谱图，并观测到一种新的能谱结构。

"悟空"号暗物质粒子观测卫星的设计寿命只有三年。2018年12月，宣布延寿两年服役。2020年12月，宣布将继续延寿服役。"悟空"第三批科学成果——绘制出迄今为止最精确的高能氦核宇宙线能谱，并观测到该能谱的新结构，或表明未知宇宙线源的存在。

常进认为，与之前结果相比，"悟空"的电子宇宙射线能量测量范围比国外的空间探测设备有显著提高，拓展了人类观测宇宙的窗口。此前，TeV（太电子伏）以上还没有人在天上准确观测过。测量到的TeV电子的"纯净"程度最高（即其中混入的质子数量最少），能谱的准确性高。

更让常进惊喜的是，"悟空"首次直接测量到了电子宇宙射线能谱在1 TeV处的拐折：能谱在0.9 TeV以下流量下降相对平缓，而超过该能量后却陡峭得多。

宇宙射线充斥整个宇宙，携带着各种天体物理过程的关键信息，而"悟空"卫星关注的质子和氦核是宇宙射线中含量最多的两种粒子，可为宇宙射线物理研究提供重要依据。天文学家通过这张能谱，可以清楚地看到氦原子核流量先上升后下降的转折。转折结构的后半部分是"悟空"首次发现，具有重要的科学意义，这一重大成果已发表在国际权威期刊*Physical Review Letters*上。

对于这一发现，常进表示，通过对比"悟空"号绘制的质子和氦核的高精度宇宙射线能谱，可以发现氦原子核和质子能谱类似，这是一个非常有趣的现象，大概说明了两者有一个共同的起源——一个神秘而强大的宇宙射线源。这个"怪物"是什么？这仍然是一个值得研究的谜。

"暗物质不知道在哪，我最期望的，它就在'悟空'能看到的范围之内，我们的任务就完成了。暗物质卫星主要的贡献，就是打开宇宙一扇新的窗口，这个窗口外面我不知道暗物质在不在，但如果暗物质不在，可能还有蓝天白云，还有沙漠。打开一扇窗口，对人类的发展总是会有作用的，这就是我工作的主要目的。"常进说，其实科学家的快乐并不在结果出来的那一瞬间，而是在寻找结果的路上。瞬间很简单，但路上有无数的困难，每一个困难的解决都会有快乐，也可能会流泪。

常进在检查空间望远镜工程样机

团队灵魂

在南京紫金山天文台，一间间办公室外表看起来毫不起眼，但仔细一看门牌却是那么的基础和重要："宇宙伽马暴、中子星及相关物理研究团组""太阳高能及相关物理过程研究团组""暗物质理论组"……当然，赫然眼前的还是"中国科学院暗物质与空间天文重点实验室"——这就是习近平总书记多次讲话提及的"悟空"暗物质探测卫星团队。

常进经常用老鹰捉小鸡的游戏鼓励团队，"所有人的行动、思想、意志都凝聚在一起，这样就不是老鹰捉小鸡，而是神鸡戏老鹰。"常进说，"手指只有团在一起变成拳头，才能挥出成功的一击。"

这群"小鸡"就是紫金山天文台的暗物质团队，这支年轻而又成熟的空间科学研制团队，组建了中科院暗物质与空间天文实验室。

常进非常注重培养青年科研人员，根据他们学历层次高、知识面广、思想活跃、接受新知识能力强的特点，利用组织生活、学术活动等多种形式教育引导，倾注了大量心血。在他的影响和帮助下，青年科研人员迅速成长，在科研创新方面做出显著成绩，成为暗物质粒子探测卫星项目的骨干力量。

2011年，项目启动之初，团队平均年龄不足35岁，成员来自不同专业不同学校。正是这样一批朝气蓬勃的年轻人，围绕在首席科学家常进周围，众志成城，攻坚克难，解决了一个又一个难题，攻克了一个又一个难关，从无到有，从生疏到成熟，直到瓜熟蒂落，DAMPE（"悟空"的学名）成功升空。

有梦想的青春才有激情，有梦想的人生才有意义。这是一支年轻的团队，是青春的团队，围绕在"悟空"号和常进首席的周围，实现着团队的梦想。他们，就是青春追梦人。

"常老师每次都是最早来的，周末也会到实验室看看，每次看见他的身影，我们都觉得自己应该再刻苦一些。"胡一鸣是首席科学家常进

常进在检查新研制的空间硅微条探测器

的学生，也是载荷结构分系统主任设计师，他说的“常老师”常进是团队带头人。

工作中的常进一丝不苟，事无巨细亲自指导学生进行研究，生活中的他则更像亲人，谁有什么困难都会倾囊相助。“他真的一点架子都没有，就是那种特别纯粹地去搞科研，这种精神也影响了我们很多人。”团队成员这样描述常进。榜样的力量，在潜移默化中鼓舞和勉励着团队中的每一个人。

蔡明生、张岩以及黄永益在研制高压供电机箱过程中，为了降低研制成本，决定使用高压模块元器件，独立自主研制紫金山天文台自己的高压机箱。他们始终坚持搞好高压机箱、确保载荷工作的信念，攻克高压打火以及性能不稳定的难题，保证了DAMPE的正常工作。卫星升空第七天，当高压加电成功的喜讯传来后，“不负吾心、不愧吾心”是蔡明生发自肺腑的告白。

整星联合调试测试期间，张岩查漏补缺，用一周时间，在数以百T的工程参数事件中，发现了一次高压跳变事件。虽然仅有一次，但张岩认为这是隐患，必须解决。经过元器件开盖检查，发现高压模块内有一电阻在国外出厂时就已经出现虚焊现象，成功地避免了一次重大质量事件。

有效载荷副总师郭建华，2009年开始投入到暗物质粒子探测卫星的研制中，从正式立项前的关键技术预研和方案设计，到立项后的探测器电性件研制、初样鉴定件研制、正样飞行件研制，再到探测器顺利入轨并进行在轨测试，在将近8年的时间里参加了探测器的物理模拟、工程化以及数据处理等工作，为暗物质粒子探测卫星最终在轨正常工作作出了重要贡献。

中子探测器分系统主任设计师马涛，曾是“嫦娥一号”“嫦娥二号”伽马谱仪的主要参研人员。“嫦娥一号”“嫦娥二号”发射时，他独自在西昌分别坚守岗位70天。由于人手限制，与中子探测器相关的大量工作都要由马涛负责，探测器设计、研制、封装以及后期的数据处理，马涛和黄永益承担的工作量超过了正常工作量的三倍。

载荷结构分系统主任设计师胡一鸣，与团队成员陈灯意、宫一中通过反复的迭代和优化，最终确定了BGO量能器的物理配置设计、结构设计、热设计、电磁屏蔽设计，最终形成以独有的非金属复合材料空腔蜂窝型箱体支撑结构为核心的暗物质粒子探测卫星BGO量能器的设计方案。该方案顺利通过环境模拟试验，试验前后量能器的工作性能一致，标志着重达一吨，占整星重量58%的BGO量能器的超高荷重比关键技术攻关成功。

年轻成员陈灯意，自来到紫金山天文台工作，就融入了实验室这个大集体，不仅承担着结构分系统研制任务，还扮演着保密员、安全员等各种不同角色，默默无闻地干着虽不起眼但不可或缺的工作。

宫一中，五年来夜夜要照顾瘫痪在家的老人，却没有一次因为迟到耽误工作。研制任务虽重但他从未抱怨，这是老一辈紫金山天文台人传承下来的宝贵精神。

徐遵磊、张哲、张永强三人组成的地面综合测试小组，在短短四年内，先后完成了软件设计、软件开发、综测组网等研发任务，完成了电性件欧洲束流测试等测试任务。鉴定件全套尺寸单机三次欧洲束流测试、有效载荷三次综合测试、两次与卫星联合综合测试，均取得圆满成功。常进对三人的评价是"'前无古人，后无来者'，三个人能抵得上整整一个综合测试团队"。

彭晓艳，产假期间坚持到台里加班，汇总报告文件。韦家驹，参与了有效载荷的束流实验、有效载荷的联合测试，同时潜心关注新型半导体探测器的研制进展，搜集最新的科研资料，为实验室的后续发展积累宝贵经验。

虽然有人说过，没有完美的个人，只有完美的团队，但完美的团队离不开个人，他们就是DAMPE有效载荷研制团队，同舟共济，统一行动，百折不挠，勇往直前。所有团队成员围绕在常进周围，为了DAMPE的成功，留下了自己不可磨灭的印记。

"我在这儿讲很风光，但它不是我一个人的功劳，是我们整个团队的功劳，我也不知道为什么我就变成网红了。"2017年12月7日，常进在央视《开讲啦》节目中说，要带好团队，首先就是诚恳待人，这样周围的人就会自然跟你变成好朋友，你就能慢慢地干大事。航天不可能靠一个人的力量把它干成，因为大家都在一条船上，这条船在茫茫大海中，你一个人想出风头，要是船沉了，所有人都走不掉，你也不可能过好日子，所以大家得劲往一处使。"我可以失败，但我后面有200多人的队伍，我失败了，他们怎么办？看别人失败我肯定是宽容的，但如果卫星因为我失败，这是不允许的！"

至情至性

撒贝宁：你究竟花了国家多少钱？感觉你怎么那么内疚？

常进：我出生在江苏农村，因为我父母以前在江苏泰兴农村，一年的收入大概是2万块钱，我们卫星相当于泰兴几万户农民的收入。我父亲去世之前老担心我会把这个卫星搞砸了，几万户农民一年就白干了。根据他的理解，这样的话我肯定要被国家抓起来。

在《开讲啦》节目中，常进的率真幽默令人拍手叫绝。其实，这既是句玩笑话，但也是肺腑之言。“干暗物质卫星的事，我一直小心翼翼，踏踏实实做好自己的每一件事情。”常进说，“卫星工程太复杂了，我必须把全中国甚至世界上能找到的最厉害的科学家，都吸收到我这个队伍里来。我们卫星有多种探测器，BGO探测器是整个卫星的核心。卫星1.8吨重，它就1吨重。这时候我想到什么？回母校找我的老师，当年比较幸运，我考取了科大近代物理系。后来我也还以比较好的分数，考取了中国科技大学的研究生。

“那时候研究生招生数目比较少，一般一个实验室就一个，几个老师带领一个。但是那时最大的问题就是实验条件比较简单，一套比较好的仪器，大家都要轮流用，这个实验室用过，就转到另一个实验室。所以我们经常晚上用，实验做到半夜三更，我的这些老师就半夜从家里带点包子，煮点面条，炒俩菜带过来。所以我对每个老师家的喜好都清楚，我对这几个老师的炒菜水平，可以说是我们这几个学生里面最熟悉的，因为我吃饭速度快，吃得最多，最有资格对他们的水平排出个前后来。”

“卫星发射以后，我流了好多次眼泪。”常进说，“第一次流泪，是我看到伽马射线线谱，当时在火车上流泪了，它基本上证明我们200多人前面4年的工作没有白费，探测器是能工作的，这曾是我最担心的，当时放下心了所以眼泪就流下来了。”

“第二次流泪是在韩国一个国际会议上，看到日本人的结果的时候。因为暗物质探测是基础科学，基础科学有个特点，只有第一没有第二，所以我们和日本人的项目科学目标一样，我们两人还是好朋友，但是他发射比我早几个月，所以我很担心他在我前面出什么大成果。结果他成果比我小，根据我的预计，性能也比较差。当时在国际会议上他的图一出来，我就流泪了。我当时在想，现在中国人还去日本买马桶盖，但就暗物质的话，你不需要去日本了，到我们紫金山天文台就行。

“第三次流泪就是从卫星发射到现在已经6年了，压力很大。但干

常进受邀做客央视《开讲啦》栏目

航天一定要吹毛求疵，一定要捕风捉影，为什么？航天的责任太大了，一个焊点的失败可能会导致造价数亿甚至数十亿的卫星的失败。日本人前两天最先进的X射线卫星，到了天上，一个指令发错，卫星就解体了，这样的例子比比皆是。所以我这4年，每天都是如履薄冰，好多人在中间生病了，有的老师甚至还开过大刀，住院治疗更是常有的事。”

“最近一次流泪，是我得到消息，我们有个骨干不明原因被送到医院去了，就是几天以前。当时我就感觉干这份工作真的太累了……”常进当场哽咽，“我是第一次向外面讲我的几次流泪，我的心比较柔软。”

在《开讲啦》节目中，大屏幕上出现了常进骑自行车上班的照片，现场笑声一片。“这个照片不要传给中国科学院，为什么？我怕我们院领导会生气，他对我们不薄，发的工资很多，我不是买不起汽车，是因为我没有时间去领驾照。第二个是我家离天文台4公里左右，正适合骑自行车，效率最高还又环保。”

这张照片把人们引向了生活中的常进。

撒贝宁：平常看看电影？

常进：看电影没有。

撒贝宁:逛逛公园?

常进:没有。

撒贝宁:打打游戏?

常进:没有。我喜欢听歌,然后打乒乓球。科学家这份职业,在我的理解最好是让他安静地在那里待着,不要有人打扰他。我很怕别人打扰我,因为分析卫星数据做科学研究需要专心,你如果不专心,怎么可能取得成果?

谈及"成功秘诀",常进笑称其中之一就是"吃饭快"。"幸亏我小时候练下来的本领还比较强,兄弟四个,我是老大,那时候很穷,吃饭如果慢一点,下一顿肯定挨饿了。所以当年,我这一顿吃完了,如果没吃饱,考虑的第一个问题是下一顿如何加快速度。我是跟三个弟弟一起吃饭,跟他们较量起来,我基本上能力还可以。进入高中以后我们住校,一帮同学围着一张桌子吃饭。小时候是跟弟弟较量,现在是跟我年龄一般大的同学较量,从来没吃过亏。"常进说,"前几天我一个高中同学遇到我,我们两个人一见到面就互相呛,他老抱怨我上高中的时候吃饭速度太快了,影响了他的成长速度。这样的经历不光是培养了我吃饭速度快,同时也培养了我做事速度比较快,讲究效率的性格。"

家乡骄傲

在同学眼中,常进是一个"没有生活"的人。初中同学印耀国,常周卫生院外科主任,是常进最要好的同学。"他很朴素,在南京紫金山天文台当副台长的时候,我们去他那儿玩,他说'有人说我有钱,其实没钱,我天天骑自行车上班。'""他埋头工作,对其他许多事情基本不上心。我有次问他姑娘有没找女婿,他说找了,我问找的哪儿的,他说我哪知道是哪儿的,是我姨子帮着介绍的,具体什么情况不清楚。"提到常进,印耀国满脸写着"亲情","上个月我在北京,约他晚上聚一聚,他高高兴兴地来了,还要掏钱请我们,一点架子也没有。约他到母校常周初中讲课,他说很想去,但现在实在抽不开身。常进正常过年只回来一两天，看望母亲，然后跟我们几个同学到我家吃饭。”

在老师和同学眼里，常进一直是他们的骄傲。印耀国记得这样一件事，“常进很聪明，在我们班成绩正常是第二名，是我们班班长，第一名的同学后来考上了清华。有一天物理老师讲课，常进偷着看小说，老师发现了就叫他起来回答问题，‘我刚才讲了什么’，结果常进看了一眼黑板，就滚瓜烂熟地说了出来。老师一脸惊愕，随后笑着说‘坐下’。”

“常进有个好习惯，每天晚上都要预习第二天要学的功课，所以老师提问难不住他。”初中同学，常周初中老师李书相说，常进非常牵挂母校，经常和校长在网上交流支招，今年常周初中升学率达到66.7%，超过59%的全市平均值，可以说没有给常进校友丢脸。学校想命名一条“常进路”，常进笑了，“我还活着怎么好用我的名字命名”，后来我们就取谐音叫“长进路”。

“如果真要说什么，我特别想感谢我的母校。”常进感慨，自己如今所有的所谓成绩，都离不开母校的教育和培养，是母校给了自己最初的人生养料。前几年，他还常常回到母校泰兴中学演讲，以自己的故事鼓励家乡的孩子，“只要家乡需要，我十分愿意回来和大家多交流。”常进说。

2015年5月，作为杰出校友回校分享交流活动之一，江苏省泰兴中学邀请常进回到母校，作了一场题为《仰望星空》的科技主题报告。当天，400多名师生现场聆听了常进的演讲，他通过一系列事例，深入浅出地为母校师生们介绍了有关空间天文的知识。

常进是泰兴中学84届高三(3)班毕业生，时任班主任黄银生老师今年已经七十多岁了，提起这位昔日的“爱徒”，黄银生的记忆依旧清晰。翻开泰兴中学毕业生纪念册，84届高三(3)班那张黑白毕业照出现在眼前，老人扶起眼镜，很快就找到了站在后排右侧的常进，指着照片中那个清瘦的少年说：“比起天赋，他的刻苦更让我记忆深刻。”

黄银生说，学生时期的常进每门功课都很优秀，尤其是数学和物理，他的解题思路总是别出新意，许多方法是连老师也没有想到的，于是，那时候黄银生就在教室后墙黑板上给常进留了一块“专属地”，让他分享自己的解题思路和方法，供其他同学学习。

让黄银生印象最为深刻的是，由于是从乡村学校考进来的，刚入学时，常进的英语比其他同学略差些，但黄银生注意到，常进有个习惯，走到哪都随身带着一个小本子看，了解后才知道，这个小本子记满了单词，即使是上厕所的时候，常进都要拿出来看看，努力记几个单词。

中学语文课本上曾经讲过我国科学家童第周借着路灯演算习题的故事，黄银生说，这样的事情，常进也常常做。有一次晚自习后，黄银生检查宿舍，发现其他学生都在，却独独少了常进。去哪儿了呢？黄银生把四周都找了一遍，最后在学校附近的一间公共厕所门口找到了常进，他正借着厕所的灯光看书。即使过去三十多年了，这一幕仍始终留在黄银生的记忆中。

退休后，黄银生常去南京看望女儿，同在南京的常进知道老师来，总会抽时间来看老人家，和老师谈谈自己最近的工作，还将老师带到自己工作的紫金山天文台参观，为老师讲解。

“常进呀！记得！我们那一年高考，他物理考了满分，数学特别难，平均分只有30多分，他考了100多分。”在同班同学吴晓东的印象里，常进是名副其实的学霸。吴晓东现在泰兴市政府部门工作，他说，那时候大家学习都比较刻苦，优秀的同学也很多，而常进更是其中的佼佼者，还在全国数学奥林匹克竞赛中得了二等奖，当时在同学中引起了很大的轰动。

而在同届同学陈玉华的印象中，常进为人低调，一点没有架子。几年前的春节，常进回家探亲，邀请母校的老师和同学聚会，如今在泰兴中学担任英语老师的陈玉华一同被邀请。

陈玉华说，同学时代，两个人接触得很少，因为这次聚会，有了不少交流。让陈玉华感到很意外的是，虽然在外工作多年，但常进至今还是一口纯正的泰兴话，让人觉得很亲切。聊天中，常进谈起自己在外地求学和工作时的经历，虽然在泰兴中学是佼佼者，但刚进入人才济济的中国科技大学时，常进意识到自己其实很普通，只能靠不断的努力才能进步。工作时，他从最基层的岗位做起，专心做自己的研究，从不计较名利。作为一个外地人，他和同是泰兴中学同学的妻子一路在南京打拼，从最初的一无所有，到如今有了自己喜爱的事业，常进觉得，只要你坚持，即使今天得不到回报，下一次也总会有收获。

“从他的话语还有整个人的情绪中，能够感受到他很热爱自己的工作，很享受工作带来的乐趣。”陈玉华说。

常进弟兄四个，二弟在仪征公安局工作，四弟在南京一家外资企业，只有在河失镇政府工作的三弟常文“留守”老家，照顾老人。常文比常进小三岁，直到哥哥外出求学离家前，两人都在一起生活。常文说，兄弟四人感情很好，这和大哥常进的懂事、大度分不开。大哥很老实，做人做事都很规矩，成绩很优秀，一直都是自己和其他兄弟追赶的榜样。工作后，大哥很支持家里，从不在乎兄弟几个中谁付出多一点，谁少一点，不论是有什么需要，要帮什么忙，往往是大家还没提出来，他就已经做了。

“老大小时候属于不坐在教室就看不出来，不是很显眼。他是到了高中成绩猛然上去的，高二参加全国数学竞赛进入前一百名，拿了奖以后成绩上升更快。84年的高考数学卷子是恢复高考以来最难的，人家一般只考四五十分，他考了108分，如果只论理科分数，他能在全省排上名次，可惜他的语文和英语不怎么突出。”常文说，小学初中老师不看名字，就能一眼认出这是常进的卷子，因为他刚拿到卷子像写毛笔字一样有板有眼，但是字写得太大，几行一写地方就没了，就“见左边”“见右边”“见上边”。他上大一大二的时候，笔记本上写的字大的大小的小，十分“情绪化”，但后来发现他在德国的时候字写好了，可能是在那边人生地不熟，一到宿舍就练字吧。

提到小时候，常文忍不住笑出了声。“小时候家里养了4只羊，老大带我们去挑草，光顾着跟我们玩，一看天快黑了，就赶紧挑点草，篮子不满，下面就用芦竹撑着，顶上用草一盖，到家往羊圈里一倒，大人也不知道到底挑了多少。”

“他对父母特别孝顺，每年春节、中秋节，都要回家看父母。去年我妈‘阳’了，正好是国庆假期，他国庆假几天就从南京回来了三次，送药回来，给我妈量体温啥的。后来还是不放心，连续一个月天天打电话查问情况。”常文说，大哥对国家对家乡有深厚感情，他有几次机会在国外发展，包括在德国的时候，德国人说可以给你一家都办永久居留，但他还是回来了。“嫦娥”项目结束后，正月初二日本一家名校送来了聘书，开出的待遇很优厚，他也没有去。

“一个是家，一个是国，他都担在肩上，而且尽心尽力，无怨无悔。”常文说，这是大哥最值得敬重的地方。

（严　婷　搜集整理）

参与“嫦娥五号”任务月球样品接收仪式（左为常进）

相关资料索引

[1]中国经济网之《常进：构建面向可持续发展的全球合作研究网络》，2023年5月

[2]人民网之《常进：创新就要甘于坐冷板凳、啃硬骨头》，2020年8月

[3]人民资讯网之《常进院士：宇宙95%仍是未知，我国首颗暗物质科学卫星“悟空”将发表两个重要发现》，2021年7月

[4]央视网之《开讲啦》，2017年12月

探讨发展继续教育的一种新形式
——刊授进修大学

丁舜年　许　莘

继续教育是成人高等教育的一个重要组成部分，它属于成人高等教育，它的性质是职后高等教育。

近十多年来，国际上在教育界、工程技术界和企事业单位沿用了“继续工程教育”这个名称，并在许多国家发展成为一种有组织的、广泛的、必需的教育方式，被公认为是解决工业生产发展不可缺少的主要措施。

处于当前科学技术飞速发展的时代，由于科学技术的进步，新学科的不断崛起，仅靠“一次性”教育不能适应工作需要，继续工程教育已成为知识更新和开发智力的重要手段。

继续工程教育之所以具有这么大的生命力，是由于它的课程内容新颖，形式多样，针对性强。

我们电工系统，仅就机械工业部所属电工行业而言，现有科技人员只占全部企事业单位职工总数的8.94%，没有恢复到“文革”前的水平。根据1983年的人才需求预测，到1990年科技人员的比重将上升到14.9%。到那时现在在职的工程师以上的科技骨干绝大部分都将退役，接班的主力将是现在处于25~35岁年龄段的科技人员，他们在数量上严重不足，只有现职科技人员的三分之一左右。面对电工行业的“起飞”，这是一个十分严重而又尖锐的矛盾。另一方面，现在处于40~50年龄段的科技骨干，他们本身也面临着继续教育的问题，迫切要求知识更新。因此，摆在我们面前的中、青年两个层次的继续工程教育都要抓，不能偏废。在抓人才、抓队伍的问题上，既要瞻前又要顾后，这是电工行业向我们教育工作者提出的一个既现实而又带有战略意义的任务。

怎么办？就得靠多种形式发展继续工程教育。除了要积极办好现有多种形式的继续工程教育外，还可以试办刊授教育这种新形式。刊授教育在这两三年来发展很快，存在的问题虽不少，但只要端正了办学思想并不难改正。这种新教育形式之所以会被人们接受，关键在于有其自身的优越性：第一，参加学习的学员，不需要全脱产；第二，这种教育形式可以大规模组织，受益面大；第三，可以借助多种教育媒体进行远距离教学。这几点正好可以解决自己办班“生源”不足、经费不足的困难。对科技骨干如何进行继续工程教育是一个由来已久的难题。这部分骨干的问题得不到解决，不仅有碍于当前科技人员素质的提高，还会影响到九十年代后期后继人才的素质，因为他们是后继科技人员的技术引路人和学科带头人。

中国电工技术学会根据有关部门和广大科技人员的需要，正式创办了电气工程师刊授进修大学，这是探索发展继续工程教育的一种试验，有待于在今后的教育实践中总结出一套行之有效的经验来。我们的初步设想是：为我国的电工行业服务，对在职的科技人员实施继续工程教育，以达到更新知识扩展新技术的目的。刊授教育招收具有大专以上文化水平或具有助理工程师以上职称的在职科技人员，专业进修有工业电气自动化、电机、电器、电力电子技术、电工绝缘技术(包括电线电缆)五个专业方向供学员选择，学制为两年。课程结构由公共必修课、成组选修课和专业任选课三类课程组成。第一类：六至七门，是各专业方向均必修的基础理论课；第二类：四至六门，是成组选修的专业课，每个学员任选三门；第三类：供各专业任选的专业提高课，可以跨专业选读，每个学员任选一至两门。全部课程11门左右，总学时500~600，要求进行系统进修，两年学完。这个教学方案考虑到学员进修的多种需求，既保留一定的学科的系统性，也具有单科进修的选择性。考试方法不能完全因袭全日制，要充分考虑到成人教育的特点，第一类必修课全部考试；第二类成组选修课只考查不考试；第三类任选课不考试不考查。

考试的改革要有利于学员把知识真正学到手。实验课很难统一要求安排，只能因地制宜，因条件制宜。有条件的单位或辅导点，最好能安排计算机的上机操作。

刊授教育是一种贯彻自学为主，以自学与辅导相结合为原则，大规模进行远距离教学的新形式，缺乏现成的经验，有待于今后在实践中去创造。但仅从已开办的刊大的初步实践来看，有两点是可以确定的：一是要抓好教材建设，二是要抓好辅导网的组织建设以及做好辅导。在教材建设上，我们认为根据刊授教育的特点，应按照“扩大基础，取材新颖，注重应用，便于自学”的原则进行工作。在组织编写本科教材的同时，编写相应的自学辅导材料。为了保证教材质量，公共基础课与专业课都要聘请国内著名大学教师编写，并得到有关的教材编审委员会的支持。为了取得先行经验，今年组织编写基础课和工业电气自动化专业的教材，明年再组织编写其他四个专业的教材……

（原载《电工技术杂志》1986年第2期）

酵母丙氨酸转移核糖核酸的人工全合成

王德宝

核酸和蛋白质是生命活动的最基本物质，没有它们就没有生命。要了解生命现象的本质，就必须了解这两类生物大分子化合物的性质、结构和功能，以及它们之间的相互关系。用人工方法合成这类化合物，是科学工作者多年来梦寐以求的愿望，因为这是人类合成生命的前提，也是验证这些化合物结构的最好方法，但是由于这类化合物分子庞大，结构复杂，一直到1965年人工合成牛胰岛素在我国获得成功，才实现了蛋白质的人工合成。核酸的分子量更大，最小的核酸而又有生物活力的如转移核糖核酸要比胰岛素大四五倍，合成的难度更大。但胰岛素的人工合成，的确启发了人们开展人工合成核酸的设想，恰巧也在1965年，第一个核酸的化学结构(就是核苷酸排列顺序)被美国科学家测定出来了，它就是酵母丙氨酸转移核糖核酸，具有明确的生物功能，它能接受丙氨酸，并将其携带的丙氨酸带到细胞内合成蛋白质的场所以合成蛋白质。于是，以这个核酸为具体的合成对象的想法逐渐形成。

反复试验制定总合成路线

我们的合成方法是采用当时仅有的磷酸二酯法，就是将两个保护过的3’-核苷酸在适当的无水有机溶剂中，经缩合剂的作用，脱水而形成二核苷酸，两个核苷酸的碱基和核糖上一些基团先选择性地保护起来，使未经保护的基团能够进行反应，而形成3’,5’-磷酸二酯键。但这个方法有一定的局限性，产率不高，副反应多。因此我们进行多次反复试验后，决定用这个方法合成小片段核苷酸，然后利用适当的工具酶连接小片段成大片段，例如用核糖核酸酶N在特定的条件下，将一个四核苷酸和一个四核苷三磷酸连成八核苷酸七磷酸。

在这项工作中，我们采取化学合成和酶促合成相结合的方法，从单核苷酸（或核苷）逐步连接成具有76个核苷酸的酵母丙氨酸转移核糖核酸。

严格保证每一个中间产物的质量

所有合成的大小片段，都经过严格鉴定，它们的碱基组成和核苷酸排列顺序必须正确，在双向纸电泳和层析图谱上为一点，才能用于下一步的合成。合成的两个半分子和整分子的两个末端(5'-和3'-端)核苷酸以及连接点的分析也必须正确，它们在聚丙烯酰胺凝胶上的电泳行为也要和天然样品一样。在进行人工全合成以前，还进行了两次半合成试验，即将天然的5'-半分子和合成的3'-半分子"退火"和连接，同样用合成的5'-半分子和天然的3'-半分子"退火"连接，并测定半合成产物的生物活力，当这些试验都取得满意结果后，才进行人工全合成。因此，我们的人工全合成第一次试验就取得成功，而且连续重复五次，次次成功。

高水平合成来自创新性研究

酵母丙氨酸转移核糖核酸中含有7种9个修饰核苷酸，所有这些核苷酸都是我们自己制备或合成的，其中有些修饰核苷酸的合成颇有特点，如1-甲基鸟苷酸、核糖胸苷酸等，操作步骤少而得率高，又如假尿嘧啶核苷系从人尿中提取，同志们为了工作，不怕脏，不怕臭，出色地提供了足够的数量。我们的工作和国外同类工作的最大差别，在于我们合成了7种修饰核苷酸，这些化合物在国外市场也无商品出售，日本和加拿大等国实验室虽然设备精良，经费充裕，但未解决这个问题，因此他们合成的转移核糖核酸都不含修饰核苷酸，所有的修饰核苷酸都用普通核苷酸代替，他们实际上合成的是转移核糖核酸的类似物，而不是转移核糖核酸。他们的合成产物接受氨基酸的活力很低，而且没有进行参入试验，没有证明所接受的氨基酸能用于合成蛋白质。

在合成路线的试探过程中，曾以天然的酵母丙氨酸转移核糖核酸（也是从酵母转移核糖核酸中自己提纯的）为模型，摸索将它拆开成两个半分子和再连接成整分子的条件。这个试验的成功，为最后合成打开了道路。

多学科协作攻关培养人才

由于合成的工作量大，牵涉面广，生物化学、有机化学、微生物学和放射化学等许多学科都用上了。通过这项工作，起到了训练队伍，培养人才的作用。为开展核酸研究、基因合成、脱氧核糖核酸重组等工作起了很大作用。初步统计参加的中青年科技人员中，提升为高级研究人员的有数十人之多，其中不少已独当一面，负责重要科研任务。

在党和政府的重视支持下，参加工作的同志们的共同努力下，世界上第一次合成核糖核酸也在我国实现，使我国人工合成生物大分子的研究继续处于国际先进水平，这是很令人欣慰的。同时也说明我国科研人员的智慧和勤奋绝不亚于国外同行，我们既不能无谓自满，也不要妄自菲薄，只要善于组织和领导，充分调动人的积极因素，必能克服重重困难，解决一个又一个重大问题，取得更多更大的成绩。

（原载《化学通报》1989年第10期）

《安徽省及邻区构造与成矿学术研讨会文集》序

常印佛

安徽地跨华北板块、扬子板块、秦岭—大别造山带3个一级构造单元，地质构造十分复杂。大别山超高压变质岩、郯庐断裂带、长江中下游成矿带以及江南隆起带等著名的地质现象集中分布，显示出安徽及其邻区，在特提斯构造与太平洋构造共同作用和长期演化下特殊的大地构造背景和深部地质过程，已成为区域大地构造研究的天然实验室。

自20世纪50年代以来，大量的地质学基础研究、大地构造编图、区域地质大调查资料丰富、成果累累，尤其是近年来的立体探测、深部找矿等勘探工作，进一步深化了对安徽及其邻区许多重大科学问题的认识。

中国东部自晚太古代以来经历了多次大陆裂解与汇聚的过程，直到印支期华南板块与华北板块全面闭合，中国大陆才逐渐形成，并开始进入重要的陆内构造演化阶段。作为中国东部的重要组成部分，安徽境内中生代以来地壳运动频繁，构造演化复杂，岩浆活动剧烈，成矿作用爆发，直接记录了特提斯—太平洋两大构造体制转换，以及大陆内部挤压—伸展应力转换的过程，揭示了沉积—构造—岩浆—成矿的时空关系和动力学背景。

安徽省矿田构造的研究广泛开展，深化了构造地质学在找矿勘探中的重要作用。近期新的研究成果表明，蒙城西贾庄—罗集地区铁矿与怀远断裂带相关，宿州栏杆原生金刚石矿与郯庐断裂带次级断裂带有关，金寨县沙坪沟钼矿与商麻断裂带的伴生构造关系密切；南陵姚家岭多金属矿和铜陵矿集区主要矿床多受控于不同级别的断层与褶皱的交汇处；休宁县天井山金矿受控于休宁—歙县推覆构造；长江中下游多层楼成矿、复合成矿模式均是原生组分与多期构造叠加的结果。

以地球物理为主要手段的立体探测工作，也取得了大量成果。大别山地震波速剖面、大别山黄石—六安反射地震剖面、大别山南缘地震反射剖面、庐枞金属矿集区深地震反射剖面、铜陵矿集区立体探测等，不同程度提供了认识安徽及邻区岩石圈深部结构和三维构造格架的可靠资料，推动了深部找矿的快速发展。

安徽及邻区活动构造越来越引起地质学家、地震学家和地球物理学家的关注。郯庐断裂带活动一般分为三个演化阶段：晚侏罗—早白垩的左行走滑，最终使得苏鲁造山带向北平移约550km；晚白垩—古近纪的伸展拉张，导致中国东部大规模岩浆活动和成矿大爆发；新近纪以来的挤压，引起区内红色盆地的反转。当今太平洋板块作用下，北东向郯庐断裂带以右行平移为主的新构造与北西向断裂的活动，更是广大民众关心的热点问题。

本次安徽省地质学会构造专业委员会召开的“安徽省及邻区构造与成矿学术研讨会”，以安徽及邻区构造演化与深部过程、构造与成矿作用、新构造与灾害地质为主题，开展了深入的交流和研讨，并汇集部分近期研究成果于《地质科学》，将促进安徽及其邻区地质构造的研究，推动立体探测和深部找矿的新进展。

（原载《地质科学》2014年第49卷第2期）

培养跨世纪的地学人才

王德滋

我国高等教育的学科和专业划分(特别是理科,包括地学学科),经历了漫长的发展过程。50年代学习苏联的专业设置及教学模式,曾培养了大批当时国家急需的专业人才,起到了一定的积极作用。进入90年代,随着经济快速发展和面临的各种严峻挑战,对高等教育培养跨世纪人才提出了新要求:要作出战略性转变,根据新的学科体系,创建新的教学模式,这是理科教育的发展趋势。在培养少而精、高层次的基础性研究和教学人才的同时,还应把多数理科毕业生培养成具有良好科学素养和技能的应用性人才。

地球科学是研究地球各层圈之间物质、能量的交换以及人类活动的影响而导致地球发展变化的自然规律。随着科学的发展和学科研究的深入,地球科学各学科的分化愈来愈细,新的分支学科不断涌现。但是,21世纪人类面临的一些重大问题:人口,环境,资源和灾害,其中三项属于综合性的地球科学研究课题,绝非目前划分过细的专业所能解决的,甚至也不是一级学科(地理学、地质学、气象学、环境科学)所能独立胜任的。它需要不同学科的相互渗透、交叉和综合研究,需要地球科学与数、理、化的渗透、交叉,也需要地球科学本身各学科的相互渗透、交叉和综合研究。为此,需要着力做好以下几点:

打好基础:就是要使学生从知识结构上、思想上、心理上,适应非基础研究和教学部门特别是工矿企业的需要,并非简单地降低对学生基础理论知识的要求。为此,前期的培养突出一级学科特征,与基础型人才一起强化共同基础。

加强实践：保证实习时间达到3—5个月，制定实习计划和实习鉴定表，将学生实习表现及成绩单独立档。寻找基础与应用的结合点，开展多种形式的社会服务，使学生掌握过硬的实际工作本领。

注重技能：加强外语、计算机等课程的教学；增开全校性公共选修课，如写作、专利、公关、管理等，有关专业根据自身特点也增开技能性应用性选修课。

按需分流：按照已经拓宽了的培养口径，进入后期，会同毕业生分配部门，根据人才市场需要，突出职业特点再划分专业方向，最终促使理科人才流向经济、技术、生产部门。

与此相对应，还要精心设计培养方案。我们制定方案的要求有三个：一是严密性，方案的制定由教师、教学管理工作者和教育研究人员三者共同参与。二是可行性，方案经过反复论证，各项改革、建设都量力而行，措施逐条落实。在制定方案的过程中，得到后勤、设备等部门的理解与支持是十分重要的。三是先进性，方案的设计要高标准，吸收国内外先进的教学成果为己所用，形成自己的特色。

同时，调整各理科专业的课程结构，也是我校深化理科教学改革的主要内容。

教学计划的修订主要是调整课程结构。调整并不是增增减减，而是将基础型、应用型人才两种培养模式的思想贯彻始终。在建立新的课程结构中，我们注意将基础型、应用型两种规格区别对待。

基础型人才的课程结构的建立，我们需注意本学科的长远发展和本学科与相关学科的联系、渗透，打好数、理、化基础，强化计算机、外语等课程的教学。

应用型人才的课程结构的建立，则是依据毕业生用人单位的需要，早期渗入应用意识，适当压缩理论性课程，增开应用性课程，压缩必修课，增开选修课，最终使应用性、技能和方法性课程贯穿于整个课程体系中。

（原载《中国大学教育》1995年第5期）

实干创造业绩　忠诚报效祖国

——在“最美奋斗者”表彰大会上的发言

叶培建

各位领导、同志们：

大家上午好！我是中国空间技术研究院研究员叶培建，也是“嫦娥一号”总设计师兼总指挥，“嫦娥三号”探测器系统首席科学家，嫦娥二号、四号、五号试验器总指挥、总设计师顾问。今天，在伟大祖国70华诞来临之际，我荣获“最美奋斗者”光荣称号，感到无比激动和自豪！

我出身于一个军人家庭，父母都是新四军老战士，参加过抗日战争、解放战争，都为新中国的建立浴血奋战过。历史和实践告诉我们，贫穷就要受欺，落后就要挨打！新中国刚刚成立，美帝国主义又打到了家门口，父亲入朝参战，与广大志愿军战友一起出生入死、激烈战斗，最终中国人民赢得了抗美援朝的伟大胜利！

在战争中，我们也看到了与美国现代化武器的巨大差距，尤其是美国空军的优势。血的教训告诉我们，没有一个强大的国防，就不能有真正的国家独立，就没有一个安宁的建设环境。这激励我中学毕业填报升学志愿和大学毕业填报工作志愿时，都优先选择了面向国防，1968年从浙江大学毕业后，走上了航天报国之路。几十年来，我始终初心不改！改革开放之初，作为第一批留学生，到了世界上最富裕的国家瑞士学习。1985年获得博士学位后，我没有任何犹豫，立即回国；90年代初，国内有单位用我当时收入20倍的高薪和其他优厚条件聘请，我丝毫不为所动；面对一切诱惑和干扰，我心里只有一个想法，就是要为中国航天做点事。

在担任我国第一代传输型对地观测卫星总设计师兼总指挥时，我带领团队攻克多项难关，创下了当时卫星最高分辨率、最高码速率等七个第一，卫星超寿命服务，实现三星组网，为国民经济建设和国防事业发挥了重大作用。本世纪初，担纲我国第一个月球探测器“嫦娥一号”的总设计师兼总指挥，我们瞄准当时绕月探测国际先进水平，继承加创新，高起点起步，解决了一系列难题，仅用三年多时间就成功发射“嫦娥一号”，成就了中国航天史上的第三个里程碑，实现了千百年来中华民族奔月的梦想！既取得了丰硕科学成果，又掌握了一大批自主知识产权，同时带出了一支年轻的、有战斗力的队伍，其中多人已成长为领军人物。和他们在一起，相继完成了“嫦娥二号”绕月探测及其拓展任务，探测了小行星；“嫦娥三号”采用主动精确避障技术，软着陆于月球正面，“玉兔一号”月球车行走于月球，它们至今仍在工作，成为在月球上工作时间最长的人造物体；“嫦娥五号”试验器以接近第二宇宙速度高速月地返回，准确着陆于回收场中心；特别是“嫦娥四号”，攻克了月背通信和复杂地形精确着陆的世界难题，在人类历史上首次软着陆于月球背面，“玉兔二号”巡视月球表面，至今已获取一批新的发现和成果。辉煌的五战五捷探月成果，充分体现了中国人的智慧、中国人的力量和中国人的贡献！

几十年来，我深深地体会到两点：一是中国人民是伟大的、中华民族是伟大的，我们一点也不比他人差，我们只要团结一心，努力奋斗，不畏艰难，世界上就没有什么可以难倒我们和阻挡我们前进的步伐；二是我们每个人都是国家的一分子，个人命运始终与国家命运紧密相连，我们每个人都必须热爱祖国，只有把自己的成长放在国家发展和利益的大局中，才能发挥一点作用，才能做成一点事情，才能有所贡献！

新中国走过70年了，现在正逢历史上最好的时代，中华民族伟大复兴的中国梦正逐渐变成现实。我今年已经74岁了，但革命人永远年轻！作为一个航天人，有责任，也必须担当起来，继续努力奋斗，把中国尽早建设成一个航天强国，为实现民族复兴作更多的贡献：我们要研制和发射更多、更好、更高水平的卫星，服务中国，乃至全世界；中国的航天员将迈步月球和更远的太空；探测火星、小行星和木星，实现真正意义上的行星际探测，飞向更远、更远！为了实现这一伟大目标，我一定和同志们一道，不忘初心，牢记使命，奋斗航天，以创新引领发展，以实干创造业绩，以忠诚报效祖国。

祖国万岁！

（2019年9月）

水下机器人发展趋势

徐玉如 李彭超

为了提升水下机器人的性能、使用的方便性和通用性，降低研制风险，节约研制费用，缩短研制周期，保障批量生产，智能水下机器人整体设计的标准化与模块化是未来的发展方向。

由于智能水下机器人工作环境的复杂性和未知性，需要不断改进和完善现有的智能体系结构，提升对未来的预测能力，加强系统的自主学习能力，使智能系统更具有前瞻性。目前，针对如何提升水下机器人的智能水平，已经对智能体系结构、环境感知与任务规划等领域展开了一系列的研究。新一代的智能水下机器人将采用多种探测与识别方式相结合的模式，提升环境感知和目标识别能力，以更加智能的信息处理方式进行运动控制与规划决策。它的智能系统拥有更高的学习能力，能够与外界环境产生交互作用，最大限度地适应外界环境，帮助其高效完成越来越倚重于它的各种任务，届时智能水下机器人将成为名副其实的海洋智能机器人。

高效率、高精度的导航定位

虽然传统导航方式随着仪器精度和算法优化，精度能够提高，但由于其基本原理决定的误差积累仍然无法消除，所以在任务过程中需要适时修正以保证精度。全球定位系统虽然能够提供精确的坐标数据，但会暴露目标，并容易遭到数据封锁，不十分适合智能水下机器人的使用。所以需要开发适于水下应用的非传统导航方式，例如：地形轮廓跟随导航、海底地形匹配导航、重力磁力匹配导航和其他地球物理学导航技术。其中海底地形匹配导航在拥有完善的并能及时更新的电子海图的情况下，是非常理想的高效率、高精度水下导航方式，国外已经在其潜艇和潜器的导航中积极应用。未来水下导航将结合传统方式和非传统方式，发展可靠性高、集成度高并具有综合补偿和校正功能的综合智能导航系统。

高效率与高密度能源

为了满足日益增长的任务需求，智能水下机器人对续航力的要求也越来越高，在优化机器人各系统能耗的前提下，仍需要提升机器人所携带的能源总量。目前所使用的电池无论体积和重量都占智能水下机器人体积和重量的很大部分，能量密度较低，严重限制了各方面性能的提升。所以，急需开发高效率、高密度能源，在整个动力能源系统保持合理的体积和质量的情况下，使水下机器人能够达到设计速度和满足多自由度机动的任务要求。

多个体协作

随着智能水下机器人应用的增多，除了单一智能水下机器人执行任务外，会需要多个智能水下机器人协同作业，共同完成更加复杂的任务。智能水下机器人通过大范围的水下通信网络，完成数据融合和群体行为控制，实现多机器人磋商、协同决策和管理，进行群体协同作业。多机器人协作技术潜在的用途很大，国外已经着手研究多个智能水下机器人协同控制技术，其多个相关研究院所联合提出多水下机器人协作海洋数据采集网络的概念，并进行了大量研究。

目前水下机器人在经济等领域的应用中已经崭露头角，是水下观察和水下作业方面最具潜力的水下开发工具。水下机器人的高智能化已是大势所趋，高智能式水下机器人这一多学科相互融合的技术在未来将有广阔的应用前景，受到各国特别是发达国家的高度重视，并已制订了正式计划。综合目前各方面的技术来看，智能水下机器人总的技术水平仍处在研究、试验与开发阶段，离真正意义上的大规模工程应用还有一定距离。

（原载《自然杂志》2011年第33卷第3期）

科技创新开拓农业机械化新篇章

陈学庚

地膜植棉机械化行动、膜下滴灌精密播种、棉花生产全程机械化推进、智能化技术应用、农田残膜治理……回顾过去，我多次见证了科技创新对农业机械化发展产生的巨大作用。

1979年，新疆石河子垦区引进地膜覆盖技术种植棉花，但是人工作业效率低，难以大面积推广。当时，新疆的棉花面积占全国的10.9%，总产占全国的4%，平均单产低于全国平均水平的18%。

针对产业发展存在的突出问题，兵团掀起了铺膜播种机创新热潮，成立了十几个铺膜机研制小组，不到2年时间就完成了2BMS系列机具的研究，研制出了13种联合作业新机型，班次作业效率相当于300个人工，并通过了原农牧渔业部组织的科研成果鉴定。

1983年至1994年期间，兵团继续加大力度改进铺膜播种新机具。根据不同区域的土壤气候条件和农艺要求，不间断地研制推广多种新机具，形成了系列新产品，完成了从成果到产品再到商品的转换全过程。这个时期，新疆地膜植棉机械化推广面积达6890万亩。兵团棉农人均管理定额由15亩提高到30亩，兵团皮棉平均亩单产也由1982年的38.6公斤提高到1994年的82公斤。地膜植棉机械化推动了新疆棉花产业的第一次提升。该项成果曾获1995年度国家科技进步一等奖。

20世纪90年代后期，为实现新疆棉花产业的第二次提升，在地膜植棉技术的基础上，兵团提出了基于机采棉条件下，植棉全程水肥调控的膜下滴灌、精量播种栽培新农艺，与新农艺相配套的联合作业新机具成为待攻克瓶颈，兵团又掀起了研究膜下滴灌、精密播种机具的热潮。四年奋斗，攻克难关，研制了一次作业完成八道工序的膜下滴灌精量播种机，达到了播量精确、播程一致、轴距均匀、适宜机采和高密度的农艺要求，快速实现了产业化，将棉花的单产又由1994年的82公斤提升到2014年的155.7公斤，达到了世界领先水平。整体技术水平达到国际先进，在新疆地膜植棉中大面积推广，引领了新疆地膜植棉机械化技术的发展。到2017年，兵团棉花膜下滴灌播种面积达到了602万亩，占当时棉花总面积的80%，可以说膜下滴灌、机械化采收、精量播种技术与装备创新，又助推了新疆棉花产业的二次提升。通过膜下滴灌水肥一体化管理技术，2015年兵团综合机械化水平已经达到93%。

2018年新疆棉花总产量占全国的比例超过80%，成为我国最大的优质棉生产基地。棉花生产全程机械化是新疆众多科技工作者多年为之奋斗的目标，其创新成果已在山东、河北等传统棉区示范推广，取得了很好的效果。在棉花机具推广的同时，也拓展了膜下滴灌精量播种技术的应用范围，成功开发出玉米、甜菜、花生及滴灌水稻等作物的滴灌精播机，目前在全国多省区大量推广。

针对棉花生产方式落后、生产效率低和比较效益下降等突出问题，兵团以机械装备创新为攻关目标，相继研发出种床精细整备、超窄行精量播种、脱叶剂高效喷洒、机械采收与储运等关键技术装备，创新建立了棉花生产全程机械化技术体系，率先在国内实现棉花生产全程机械化。以机械化采收为主线，集成高产栽培技术、田管配套技术、脱叶催熟技术、机械采收技术、采后储运技术，建立棉花生产机械化技术体系，实现规模化推广应用，棉花生产用工大幅减少，棉花生产成本大幅降低，用机械化手段实现了棉花生产的精耕细作。生产全程机械化助推了新疆棉花产业的第三次提升。

（原载《中国农村科技》2019年第5期）

海军军医大学第一附属医院烧伤外科 60年发展历程回顾

夏照帆　肖仕初　葛绳德

1958年，时值全国“全民炼钢”的热潮，烧伤发生率骤然上升。这年冬天，长海医院接诊了上海第一钢铁厂33名钢水烧伤工人。第二军医大学立即动员并组织长海医院全院医护人员投入抢救。在没有任何大面积烧伤救治经验和简陋的治疗条件下，抢救小组在13个临床科室专家教授和广大医护人员的支援下，夜以继日，艰苦奋战，较好地完成了救治任务。随后，由方之扬教授牵头组建的长海医院烧伤外科，成为国内最早成立的烧伤专科之一。

这次抢救成为中国烧伤医学孕育的一个缩影，同时也培养和造就了第一代“长海烧伤人”，他们与全国烧伤医学先驱们一起经过不懈努力、不断探索，总结出一整套烧伤救治的“中国方案”，为我国烧伤救治水平跃居国际领先地位打下了坚实基础。

1963年，笔者科室收治1例6600V高压电烧伤患者朱根福，其Ⅲ度以上烧伤面积达45%TBSA。当时，如此严重电烧伤临床救治尚无文献报道。“长海烧伤人”采用大网膜修复腹壁缺损和硬脑膜上植皮等新技术，使其最终痊愈出院。患者康复期间，周恩来总理陪同越南前总理范文同视察我院，专门到病房亲切看望朱根福，并对医务人员的救治工作给予高度评价。解放军原总后勤部政治部授予长海医院烧伤救治组集体一等功。

20世纪70年代起，国内工业迅猛发展，烧伤事故有增无减。“长海烧伤人”无数次出色完成突发灾难事故成批伤员的抢救，至20世纪末，共收治了1万多例严重烧伤患者，取得了98%以上的治愈率，创造了烧伤总面积LA50达94%TBSA、Ⅱ度烧伤面积LA50达83%TBSA的救治纪录，烧伤外科成为长海医院的3个窗口品牌学科“烧、心、肝”之一。

21世纪，海军军医大学整合优势力量、推动转型发展，成立了以笔者科室为主导的“战创伤救治中心”，先后承担了上海“麦莎”台风118名化学烧伤工人的救治、上海静安区“11·15”特大火灾严重吸入性损伤伤员的救治、上海“6·22”枪击案伤员的救治、“八二”昆山工厂铝粉尘爆炸事故成批危重伤员的救治等等；千里驰援，指导和参与了成都“六五”公交车燃烧、厦门快速公交系统公交车燃烧、桂林校门口爆炸、天津港特别重大爆炸等事故伤员的救治；出色完成了上海世界博览会、上海合作组织成员国元首理事会、亚洲相互协作与信任措施会议、联合国维持和平行动、环太平洋军事演习、和谐使命等重大任务医疗保障工作。

笔者科室经过数十年的探索和发展，逐步形成皮肤组织工程及精细化创面管理、休克与多器官损伤防治、烧创伤后系统康复及瘢痕防治3大特色的临床与基础研究。在国内率先研制微孔化真皮替代物并建立多种真皮修饰技术，建立微型真皮替代物的构建模式及移植技术，与清华大学深圳研究院合作完成的首个国产双层人造皮于2017年获得国家药品监督管理局批准上市。深入研究了免疫功能紊乱在烧伤后的创面脓毒症和MODS发生中的作用机制，并提出了针对性的临床干预措施；多层面探讨了烧伤后内源性损伤发生机制及其与内源性保护效应的相互关联，为防治烧创伤后并发症、提高救治水平提供了新对策；建立并推广了一系列针对烧创伤相关肺损伤的防治技术，使严重烧伤合并肺损伤的救治成功率从66%提高到82%，研究成果入选“中国高等学校十大科技进展”。2017年牵头提出了适合中国特色的瘢痕防治专家共识，为我国瘢痕临床治疗提供了规范化指南。

1978年，长海医院烧伤外科成为国家首批硕士研究生招生点，1981年成为国家首批博士学位授权学科，1992年成为国家首批临床医学博士后流动站，1995年入选上海市首批领先重点专业学科并被评为全军烧伤中心，2002年成为国家重点学科，2003年成为国家“211工程”重点建设学科，2010年成为全军休克与器官损伤防治重点实验室，2013年成为国家临床重点专科，同年夏照帆教授当选中国工程院院士。建科至今，先后承担包括国家自然科学基金重点项目、国家科技支撑计划等国家级课题57项，主编专著及教材20余部，发表《科学引文索引》数据库收录论文近200篇，获得国家发明专利授权30余项。

在夏照帆院士的带领下，长海医院烧伤外科在危重（成批）烧伤、创伤、多发伤、复合伤救治方面迅速发展，2017年位居全国烧伤最佳专科排名第2名。

（原载《中华烧伤杂志》2018年第34卷第11期）

在向袁隆平同志学习交流会上的发言

万建民

尊敬的各位领导、各位专家：

上午好！非常感谢大会主持人给予这样一个机会来交流向袁隆平同志学习的体会。今天我们大家聚集在这儿，就是来缅怀袁隆平的科学精神，同时交流体会。我有三个体会，向大家汇报。

向袁隆平同志学习，我认为第一个就是要学习他勇于创新、敢为人先、不断攀登科学高峰的精神。刚才前面的几位专家都介绍了，袁先生在科学的道路上，往往是把大家认为不可能的科学研究变成可能。当时（20世纪6 0年代），大家都认为水稻是自花作物，没有杂种优势，但在袁先生带领下的一些科学家努力下，实现了水稻杂种优势的产业化。第二个，当湖北发现的PGMS（也就是光敏感水稻）和温敏水稻都可以实现由三系变两系，这是一个技术的重大革新，但是由于这个光温敏核不育受环境因素的影响，使得生产上经常会出现一些问题。大家都认为不可能的事情，在袁先生的带领下，两系杂交稻得到了大面积推广。其实就是解决了一个制种的关键问题，而这个具体的问题是怎么解决的？我1997年去日本农村省工作前到过长沙，我就问，以往两系杂交稻都是要“打摆子”的，为什么现在不“打摆子”了？因为我是中国人，他就悄悄告诉我了，我们用水库的冷水灌溉，使这个温度能够比较好控制，那个时候我对袁先生的崇拜之情油然而生。这是第二个创新。第三个认为不可能的事情就是超级稻。高产、高产、更高产，是袁先生一生的追求，刚才邓华凤同志也介绍了，从800公斤到900公斤、1000公斤到1100公斤，每一次的实现袁先生都让我亲自去参与了，去学习和见证。我觉得这三个证明了袁先生不断勇于创新攀登高峰的科学精神。同时，袁先生还是一个战略家。他能把科技成果产业化和转化构成理念，能够凝练成比较好的理论，比如说“种三产四”。所谓的“种三产四”，就是种3亩田产4亩田的粮食，使得无论是行政、技术员，还是农民，都能够充分理解这项技术的价值，这是我们值得学习的第一个，就是勇于创新的问题。

第二个我们要学习袁先生胸怀国际，家国情怀的精神。袁先生在杂交水稻研究成功以后，没有把这个技术封闭起来，而是把这个技术向全世界国际化推广，经常培训国际上一些亚非拉国家人员，从而把杂交水稻技术推向全世界。同时，在培育高产品种的时候，他是胸怀整个国家的粮食安全，一直把国家的重大需求作为科学家的主要任务，我认为袁先生这个精神是值得我们学习的。

第三个，我们要学习袁先生平易近人，团结同辈，提携后辈的精神。我用几段个人经历来说明袁先生是怎样提携一个后辈的：1988年3月，那个时候我是南京农业大学的讲师，到海南的三亚鹿回头宾馆，想参加水稻“863计划”课题总结会。那时候这样的会议是闭门会，一般的人是不能参加的，下面的所有人都反对我参加，就不让我进。当时我就找到袁先生，我说我是南京农业大学的老师，能不能参加会议，他说那当然可以，快来听听，好好听听。这是第一次。第二次，1995年，袁先生得了日本经济新闻社的一个国际奖，他到日本去。袁先生杂交稻三步战略的第二步战略，就是籼粳交杂种优势利用，是跟我的导师池桥宏的广亲和基因发现有关的——我那个时候在日本跟池桥宏读博士后。袁先生到日本，那个时候的他在日本已经是“红遍了整个天”，但是他非常平易近人，在京都大学跟他的夫人邓老师，和我、我的爱人一起非常亲热地交谈，没有一点儿架子，也抛出了橄榄枝，希望我到湖南农科院工作，但是我那个时候已经进到日本农村省工作，就没有回来。等到我回国到长沙去拜见他，他亲自主持让我做一次学术报告，给我介绍。还有很多的场合，包括我申请院士的时候，他那时其实已经不能签字了，但是仍然给我签了推荐信。培养一个后辈，他是非常用心用力、平易近人。这样的一种精神，我认为是值得我们学习的。

今天在这里提倡向袁隆平同志学习，我们不能空讲，今后我们应该把袁隆平这种不断地追求、攀登科学高峰的精神，家国情怀的精神，把国家重大需求作为自己终身奋斗目标的战略精神，认真地学习，要把论文写在祖国大地上，把科技成果应用在实现现代化的伟大事业中，为我国的种业振兴和确保国家的粮食安全作出新的、更大的贡献！

（原载《杂交水稻》2022年第37卷第1期）

暗物质粒子探测进入新时期

常 进

80多年以前，科学家从天文观测中发现宇宙中广泛存在暗物质，然而时至今日，关于暗物质的本质我们仍然不得而知。如果能探测到暗物质粒子，必将打开一扇通往新物理世界的大门。

暗物质粒子直接探测

直接探测实验的原理是，如果暗物质粒子和普通物质粒子（比如原子核）发生碰撞，虽然暗物质粒子并不直接“可见”，但它们施加在普通物质粒子上的影响（例如动量交换），可以被精密的实验手段记录下来，从而推断暗物质粒子的质量、碰撞截面等基本物理属性。

由于预期的暗物质和物质的相互作用很弱，直接探测实验的最大挑战来自本底的排除。通常，直接探测实验都选择放置在深地实验室中进行，利用厚厚的岩石来屏蔽宇宙射线本底。我国在四川建设了地下实验室，其垂直岩石覆盖达到2.4 km，是世界上最深、宇宙射线本底最低的地下实验室。除了宇宙射线本底，探测材料、仪器设施以及岩石和空气中的放射性本底也需要很仔细地排除或屏蔽。

国际上已经或者正在开展的暗物质直接探测实验有数十个，这也从一个侧面反映了暗物质探测的重要性。目前，中国在锦屏地下实验室中运行有两个暗物质直接探测实验，即采用低温半导体探测技术的中国暗物质实验（CDEX）和液氙探测技术的PandaX实验，两个实验均一度达到了国际上最好的灵敏度。

暗物质粒子间接探测

另一种独立且互补的探测方法称作间接探测，主要是通过宇宙射线和伽马射线探测器，来探测暗物质粒子湮灭或衰变后产生的粒子。

天体物理过程也会产生大量的宇宙射线和伽马射线，通过这种方法探测暗物质粒子需要谨慎地排除天体物理背景的干扰，通常的做法是在高能宇宙射线或伽马射线能谱中，去寻找具有奇特特征的能谱结构，或者试图从伽马射线方向分布中寻找与暗物质分布吻合的辐射。另外一个压低天体物理背景的做法是研究宇宙射线中的反物质粒子，如正电子和反质子，它们主要由宇宙射线核素和星际介质碰撞产生，其流量比相应的正粒子流量低许多，而且可以通过宇宙射线模型比较准确地计算它们的流量。

近些年，暗物质间接探测也取得了长足的进展。早在20世纪90年代，科学家就通过高空气球实验开展宇宙射线正电子和反质子的观测。2009年，PAMELA卫星首次清楚地观测到正电子占正负电子总和的比例在约10 GeV以上呈现明显超出背景模型的趋势。2013年，放置于国际空间站上的AMS-02实验，发表了非常精确的正电子比例观测结果，进一步确认该“超出”的存在。随后，AMS-02的新测量结果还发现正电子能谱可能存在截断，特征截断能量约为810 GeV。

非WIMP暗物质探测

值得注意的是，虽然绝大多数实验仍然瞄准WIMP暗物质开展，我们也不应该忽略了暗物质粒子不是WIMP粒子的可能性。

不同的暗物质探测需要不同的实验手段，比如轴子暗物质通常利用微波谐振腔实验探测，惰性中微子则需要高能量分辨率的X射线望远镜。由于暗物质候选模型种类实在繁多，针对每种模型设计建造相应的实验去探测它们可能不是一个经济的办法。如果能够借助已有的天文或物理实验，延伸其科学目标开展相应的暗物质探测，则不失为目前的首选方案。

虽然我们目前仍然不能回答“暗物质是什么”这样的问题，但长期以来的努力也让我们对暗物质的一些性质（比如与普通物质的相互作用强度），获得了更加深刻的认识，这些认识也促使我们对新物理的理论进行新的思考。可以预期，在未来很长一段时间里，暗物质粒子本质的探索仍将是世界科技前沿热点问题。

值得欣喜的是，我国科学家通过地下和空间的数项实验，一举站在了暗物质探测的国际最前沿，并将有望在认清暗物质粒子本质的过程中起到中流砥柱的作用。

（原载《科学通报》2020年第65卷第18期）